AF389528

ÁNGELA COVAS RIERA

Ojalá no digas ojalá

Me encanta que la gente me escriba contándome qué les ha parecido el libro. No lo dudes ni un segundo. Si tienes algo que comentar, por favor, hazlo, me encontrarás en info@angelacovas.com

A Yram Marrero y a todas las personas que, como él, prefieren que les salgan escamas antes de renunciar a sí mismos.

A Cristina Sarabia, el hada madrina que con su varita mágica consigue que me pasen grandes cosas como este Ojalá.

ÍNDICE

DE MILAGROS
y oportunidades

Todos tenemos dos vidas.
La segunda comienza cuando nos damos cuenta
de que sólo tenemos una.

Tom Hiddleston

La vida es un milagro. Un precioso regalo. Una oportunidad única. Tanto tú como yo debemos nuestra vida y nuestra existencia a un infinito cúmulo de casualidades. Yo estoy aquí hoy porque mi madre y mi padre se conocieron en el momento adecuado y decidieron compartir su vida el uno junto al otro. Porque me concibieron en el momento exacto en que yo podía nacer. De todas las veces que estuvieron el uno con el otro, afortunadamente, me concibieron a mí, a Ángela, en ese momento en concreto y no un día antes, ni uno después. Y la carrera de la vida la gané yo, no otra persona. De entre los aproximadamente 250 millones de espermatozoides, el que fecundó el óvulo fue mi otra mitad, mi yo espermatozoide (lo siento, hermanos, ahí os quedásteis).

Yo gané la vida. Y tenía un 0,0000004% de posibilidades de hacerlo. Probablemente si me lo hubieran dicho antes, ni siquiera lo hubiera intentado, me hubiera desanimado enseguida. Pero, menos mal, nadie le dijo eso a mi parte espermatozoide.

Mis hijos existen porque yo conocí a su padre en un viaje que, aunque reunía todos los requisitos para que no se produjera, al final realicé, y todo a pesar de que si hubiese seguido las señales, probablemente no hubiera hecho. O quizás, sin yo saberlo, todo se produjo para que yo viajara, y para que mis ojos se cruzaran con los ojos del que sería mi pareja, y el padre de mis hijos, en una hermosa plaza una noche de luna llena. Hubiese podido no emprender aquella aventura, o no haber cruzado jamás la mirada con él ya que había cientos de hombres en esa plaza. Pero fue su mirada la que se encontró con la mía, y eso, y cada uno de los pasos que dimos a partir de entonces, ni uno más, ni uno menos, nos llevaron a tener exactamente los hijos que tenemos. Hubiesen podido ser otros, pero toda la causalidad, todo el universo infinito detrás de nosotros, conspiró para que las cosas pasaran tal y como como ocurrieron, y que fueran ellos, nuestros hijos, y no ninguna otra combinación de un óvulo mío y un espermatozoide de su padre.

Pero antes de que esto pasara, mi padre, mi madre, debieron también su vida a un cúmulo infinito de coincidencias muy similar al mío. Mi madre existe porque cuando mi abuelo salió a hacer el servicio militar, pasó por el pueblo de mi abuela, se vieron, y estuvieron ocho años escribiéndose apasionadas cartas de amor. Afortunadamente, durante ese tiempo, nadie más se cruzó en la vida de mis abuelos maternos, por lo que se casaron y, en el momento exacto, y no ningún otro, concibieron a mi madre, que ganó también la carrera de millones de espermatozoides. Mis abuelos paternos se conocieron también por casualidad, y así ha sido siempre, por los siglos de los siglos y hasta el inicio de los tiempos. Tu vida, mi vida, es el fruto exacto de todo lo que ha pasado en el mundo durante los miles de millones de años que tiene nuestro planeta.

Si observamos la historia del universo desde su nacimiento tras la Gran Explosión (si es que la teoría del Big Bang está en lo cierto), nuestra vida es tan solo un breve instante, dura apróximadamente nada. Nuestro tiempo es finito, es muy pequeño, como lo sería una molécula de gota de agua de todo el agua que hay en la tierra. Sin embargo, somos a la vez un milagro, algo inmensamente grande, pues apenas teníamos posibilidades de llegar a nacer.

El saberme tan grande, y a la vez tan pequeña, me hace sentir muy especial pero al tiempo muy libre. Me lleva a sentir que, si tan difícil era llegar a la vida, tengo el deber de vivirla lo mejor que pueda. Si mi tiempo es finito tengo la necesidad de aprovecharlo al máximo. Sin embargo, ¿por qué a veces he tenido tanto miedo a vivir? ¿por qué lo tienes tú a tomar decisiones sabiendo perfectamente lo que tienes que hacer y, sin embargo, no lo haces por miedo?

Todos los libros que he publicado hasta ahora, incluso los que aún estoy escribiendo, parten de experiencias personales de las que he aprendido mucho, y comparto lo que me han aportado mis lectores. Parten de la sabiduría que he adquirido tropezando y volviéndome a levantar una y otra vez.

Todos los libros que he escrito son los libros que me hubiera gustado poder leer en algún instante de mi vida, libros en los que buscar apoyo y sabiduría tras una ruptura, en la adolescencia, a la hora de emprender un proyecto... Cada uno de ellos es el libro que me hubiera gustado encontrar en mi cómoda en aquel momento concreto.

Esto me ha llevado a pensar en el libro que, a día de hoy, me gustaría encontrar en mi mesilla de noche. ¿Cuál es la sabiduría que necesito ahora y que aún no tengo? ¿Cómo puedo adelantarme para saber qué necesito hoy para tener mi futuro perfecto? ¿Quién lo sabe? ¿A quién le puedo preguntar?

Y entonces solo una respuesta vino a mi mente, yo soy la única persona en el mundo que tiene estas respuestas. Pero no mi yo actual, sino la persona que seré cuando haya pasado por todas las experiencias que necesito pasar para poder aprender TODO lo que tengo que aprender en mi corta vida.

Yo soy la única que sabré el libro que necesito hoy. Yo soy la única que me habré equivocado el número exacto de veces para aprender todas las cosas que he venido a aprender a este mundo. Seré yo misma, dentro de un tiempo espero que muy largo, en mi lecho de muerte. El yo a un instante de terminar esta vida, cuando apenas me quede un momento para dejar este cuerpo.

Ninguna otra persona tendrá las respuestas que yo necesito, porque ninguna otra habrá vivido mi vida, ninguna otra sabrá lo suficiente de mí, ninguna habrá andado en mis zapatos.

Y sé que este, el momento en el que me encuentro ahora, tal y como te contaré después, es el momento exacto para tener esa conversación con mi yo imaginario.

Cuando pienso en lo que me diría esa Ángela del futuro, sé que me diría que tengo el deber de aprovechar cada segundo de ese milagro que me ha sido concedido, porque a ella ya no le queda ese tiempo, porque si ella pudiera lo haría, por lo cual, por mí y por ella, sé que tengo que hacerlo.

Cuando mi vida acabe, cuando tenga que atravesar esa puerta hacia la muerte, yo, cual si fuera un San Pedro cualquiera, me pediré cuentas, y querré estar segura de que aprovechado mi tiempo, y ese "sí", esa respuesta, será mi único valor, lo más importante que me llevaré en mi vida, toda mi riqueza. Y si esa respuesta es un "no", entonces me sentiré pobre y miserable.

Quiero decir ese "sí" con la cara bien alta, quiero decir que he disfruta-do de mi tiempo intensamente, quiero poder cantar "My Way" de Frank

Sinatra a pleno pulmón, aunque parezca una moribunda un poco extravagante. Quiero poder sentir que he vivido mi vida, la que yo quería, no la que decidieron otros por mí. Quiero haber aprovechado mi tiempo y no vivir un tiempo sin sentido.

Sé que esta es la única carrera que voluntariamente querré ganar en mi vida, mi mejor y único triunfo, el único válido. Y mi éxito será haber vivido conforme a mis valores, disfrutando lo más posible de lo que la vida me ofrezca. Aprendiendo de mis errores, sobrellevando las tristezas de la mejor forma posible.

¿Para quién es este libro?

Este libro es para todo el mundo, para todo el que quiera una vida plena y con sentido.

Pero creo que es especialmente un libro para mí en un momento en que necesito escribirlo, dejando, incluso, otros proyectos personales aparcados.

Siempre he estado saliendo de mi zona de confort. Ahora, he llegado a un momento en el que me doy cuenta de que he alcanzado muchos de los objetivos que me había propuesto. Cuando me formé en coaching, allá por el 2008, escribí en un papel qué quería lograr durante mi paso por este mundo. Mi vida perfecta era estar en casa uno o dos día a la semana, con ropa cómoda y mis infusiones trabajando en casa, en paz y en silencio. Tener pareja, dos hijos, una casa con jardín, trabajar como coach, viajar de vez en cuando sin madrugar mucho, estar en contacto con gente de la que aprender y que me ayudara a ser más consciente, buenos amigos para compartir mis cosas...

La vida y el fruto de mi trabajo me han dado todo lo que pedía. En estos momentos todo lo que escribí ya hace muchos años se ha cumplido. Trabajo en lo que me apasiona, he publicado algunos libros, vivo con mi pareja, el padre de dos niños absolutamente especiales y estoy rodeada de gente que me quiere. Y cuando he llegado hasta aquí, de repente me he sentido extraña. Ahora tengo la vida que deseé en aquel momento, pero sin embargo me siento vacía de grandes objetivos.

La sensación de vacío ha predominado más que la de orgullo, y esto me ha llevado a pensar que algo tengo que aprender de este momento. En esta época de mi vida siento que he estado luchando siempre por algo.

Primero por una carrera universitaria y después por trabajar en IT. Cuando por fin lo conseguí, luché por ascender en mi carrera profesional. Después estudié coaching, y después luché por conseguir mi grado en psicología para poder dejar mi trabajo y dedicarme a vivir de las cosas que me gustaban: el coaching, el amor, escribir, compartir... A esto, claro está, hay que añadirle otros retos personales como salir de relaciones sentimentales no satisfactorias, o tener hijos, o un millón de cosas más.

Después de estar acostumbrada a vivir navegando contra viento y marea, atravesar tormentas y huracanes para llegar al pacífico puerto en el que me encuentro ahora, esta ansiada paz, esta vida casi de ensueño me resulta extraña, y siento que necesito ir en busca de algo mucho más profundo. Quizás sea la popular crisis de los 40 o, como dice Tom Hiddleston, quizás sea el comienzo de mi segunda vida, la que empieza al darme cuenta de que solo tengo una, que esto no dura eternamente, que esto va en serio.

Por eso este libro es para ti, si crees que te puede servir, pero sobre todo es para mí, es un proceso de investigación personal, un proyecto que me apetece enormemente para aprender más de la vida y, sobre todo, aprender más de mí.

¿Dónde y cuándo se escribe este libro?

Este libro se empieza a escribir en Cuba. Estas son mis primeras vacaciones largas desde hace tres años. Tres semanas dedicadas a mí y a mi familia, tres semanas sin internet, sin whatsapp, sin email, y sin avisos electrónicos del exterior en forma de notificación de Facebook, Twitter o de email. Hacía años que no vivía un periodo tan largo de silencio digital, tanto, que ya no me acordaba de que era posible. Y visto cómo funcionan las cosas en Cuba, probablemente cuando vuelva ese silencio digital ya no será impuesto, sino voluntario.

En este momento solo perturban, o mejor dicho, alimentan mi paz y enriquecen mi espíritu, mis hijos jugando alrededor, pintando, contándome cosas en una terraza a la sombra, mientras esperamos que se vayan las horas de más calor para salir a pasear, al río o a la playa. Tres semanas de baños, de cascadas, de ríos, de comidas con amigos, con personas maravillosas con las que me encanta compartir mi tiempo, con las que hubo una conexión especial desde el primer instante en que les vi.

Hace diez años que estuve por primera vez en esta maravillosa y verde isla. Por aquel entonces, ni internet ni las comunicaciones habían entrado en nuestras vidas. Quizás hasta hoy no había tomado conciencia de la implicación que esto ha tenido para nosotros. Hace diez años uno vivía de otra manera. Pero durante estos días he sido consciente, de forma experiencial, de todas las interrupciones que tenemos a nuestro alrededor. En estos momentos, me alucina poder estar escribiendo sin wifi, y sin pitidos en el móvil.

Cuba siempre me ha parecido un lugar mágico. Y su gente siempre me ha sorprendido por su sabiduría y generosidad. Aquí el tiempo pasa de forma diferente, las horas parecen más largas, y los días te dan para hacer muchas más cosas que en otros lugares.

Los niños son patrimonio del pueblo y son venerados por sus habitantes. Tú sientes que la gente ama a los niños y todos cuidan de ellos. Si mis hijos salen al portal a jugar, y van un poco más allá, todos los vecinos, que están también en sus terrazas, tienen un ojo puesto en ellos.

Pero lo que de manera especial esta isla y sus gentes me regala cada vez que vengo es parte de su sabiduría emocional, su amor, su tiempo y su comida.

Cuando comencé mis vacaciones estaba decidida a terminar otro libro que empecé hace un tiempo, pero al sentarme delante del ordenador, mis dedos, mi cabeza, mi ser, han empezado a teclear solos. Al principio me he sentido algo desconcertada y me he dicho a mí misma: "¿Oye? Acuérdate de tus objetivos, esto no es lo que querías hacer. Eres coach, da ejemplo, no pierdas el foco".

Después de una muy breve discusión conmigo misma he decidido dejarme llevar y olvidarme del foco. Por algo estoy de vacaciones, y la intuición, el fluir y la felicidad son parte importante del coaching, así que tampoco me alejan demasiado de mis objetivos. Solo los desplazan en el tiempo.

A lo largo de los días me he ido poniendo un poco más trascendente. Creo que este sitio, este viaje, este instante en mi vida conforma el momento que ha elegido mi yo futuro para comunicarse conmigo, y que yo, mi mente repleta de pensamientos, y mis dedos al reproducirlos, simplemente son el medio que ha elegido ese yo futuro para dejarme este mensaje.

El cuerpo me pide hacerme este regalo en forma de tiempo, de palabras, de amor, de paz, de tranquilidad, de reflexión, de silencio digital, quizás para comprometerme conmigo misma a vivir una vida de la que sentirme aún más orgullosa. Una vida bien vivida.

Si te apetece puedes acompañarme en este viaje, recorrer conmigo este libro tan especial para mí, mezcla de mis vacaciones, de lo que Cuba me enseña y de lo que me transmite mi yo en mi lecho de muerte. No sé, quizás también tú puedas aprender algo. Quizás, este, además de ser mi regalo, puede ser también tu regalo.

Experiencias reales

En la revisión de este libro surgió la idea de enriquecerlo con testimonios de personas que tuvieran una perspectiva vital amplia. Se les hicieron tres preguntas. A la primera pregunta las respuestas fueron, por supuesto dispersas. Curiosamente, a las otras dos, las respuestas fueron prácticamente iguales.

1) Si pudieras volver atrás, un solo día en tu vida, a aquel día que tú elijas: ¿Qué harías que no hiciste?, ¿o qué decisión tomarías que no tomaste?, ¿o qué no harías que sí hiciste? Algunas de las respuestas las encontrarás a lo largo de este libro.

2) ¿Cuál es la mejor decisión que has tomado en la vida?

En todos los casos las respuestas fueron las mismas. La mejor decisión que han tomado todas las personas es dejar, despedir, alejarse de cosas que no les hacían feliz para ir en búsqueda de sus sueños. Algunas de las respuestas son: ser valiente, arriesgarme, cambiar de ciudad, cambiar de trabajo, despedirme de personas que no me hacían feliz, aceptar mi condición sexual y vivirla libremente, dejar un matrimonio que no me hacía feliz, cambiar de profesión, luchar por estudiar lo que yo realmente quería, tener a mis hijos. Después de años de profesión, reconozco en esa lista las cosas que nos dan más miedo a las personas. Es curioso, cómo las cosas que nos dan más miedo terminan siendo las mejores decisiones de nuestra vida.

3) Si pudieras dejar un solo mensaje, uno solo, al niño que más quieres en este mundo, o a la humanidad del futuro: ¿Qué mensaje dejarías?

En este caso, las respuestas también se parecen: sé feliz, "no te hagas pajas mentales", la vida es mucho más fácil de lo que parece, sé tú mismo, no hay nadie como tú, fluye con la vida, busca la felicidad en cada rincón, "carpe diem", disfruta de cada momento, sé feliz sin hacer daño a nadie y no permitas que te haga daño a ti, se honesto con los demás, pero sobre todo contigo mismo, lucha por tus sueños, comparte tu felicidad con la gente que sepa apreciarla, busca tu propio sentido de la vida...entre otras similares.

capítulo uno

LA MUERTE

> *"La pálida muerte llama con el mismo pie a
> las chozas de los pobres que a los palacios de los
> reyes"*

Horacio

Para comunicarme con mi yo futuro necesito saber más de la muerte. La muerte es algo que ha estado siempre a mi alrededor. Yo vengo de gente de campo, mis abuelos tenían campo, y mis padres también. Eso en sí ya te conecta con la muerte.

Desde pequeña he visto gallinas, y he jugado con ellas, pero también he visto cómo se iban a la olla para el guiso que nos iba a alimentar ese día.

También he visto morir a muchos perros que me han acompañado durante toda la vida. Uno de los perros favoritos de la historia de mi familia fue Olga, una pastor alemán a la que su madre no pudo atender, y mi madre adoptó en su segundo o tercer día de vida. Era mi compañera de juegos incansable, la que aullaba a mi lado cuando yo aprendía andar para que alguien viniera a levantarme cuando me caía. La que atendía pacientemente, moviendo la cabeza de un lado a otro, cuando yo decidía contarle una y otra vez el cuento de caperucita roja versión familiar (en mi casa, siempre fue caperucita la que se comió al lobo). Pero un día, Olga desapareció, ya no estaba, me quedé sin compañera de juegos, algo pasó, hubo lágrimas, tristeza, un halo de misterio en el que se perdió el cadáver supongo que para que yo no lo viese. Olga había muerto.

Siempre he sido muy consciente de la existencia de la muerte, pero es ahora, probablemente porque ya tengo la edad adecuada, sobrepasando por unos pocos años los 40, cuando quizás estoy ya dispuesta a saber qué es lo que te enseña. Y aunque parezca a simple vista un camino algo tenebroso, saber más de la muerte nos lleva a conectarnos más con la vida.

Como no tengo acceso a internet en este viaje, reviso las cosas que he guardado en mi ordenador a lo largo del tiempo, y miro las notas de un cuaderno en el que siempre apunto lo que me interesa. Entonces me doy cuenta de que efectivamente este es el libro que me pide el destino escribir. Mi cuaderno se abre por la hoja que necesitaba, una de tantas que olvidé haber escrito. En algún momento oí hablar de Bronnie Ware, una chica australiana que había sido asistente de personas mayores y enfermos terminales durante muchos años. Durante ese tiempo decidió recoger algunas de las cosas más trascendentes que dice la gente antes de morir. Bronnie Ware publicó un post en su blog que se convirtió en viral, y a partir de ahí publicó su libro *"Cinco mandamientos para tener una vida plena"* (Ware, 2013). En su blog resumía lo que a las personas a las que acompañaba en sus últimos momentos les hubiera gustado saber, o lo que hubieran cambiado si hubieran podido volver atrás en su vida. Consistía en cinco puntos, cinco ojalás:

- Ojalá hubiera tenido el coraje de vivir una vida fiel a mí mismo en vez de la vida que los demás esperaban de mí.

- Ojalá no hubiera trabajado tan duro.

- Ojalá hubiera tenido el coraje de expresar mis sentimientos.

- Ojalá me hubiera mantenido en contacto con mis amigos.

- Ojalá me hubiera permitido ser más feliz.

Sigo revisando lo que tengo, para tener un punto de partida, y me encuentro en mi ordenador un libro de Elizabeth Kubler-Ross, *La Rueda de la Vida*. Esta psiquiatra suiza, que estudió el proceso de la muerte y entrevistó a muchísimos moribundos, dice que cuando esta se acerca, no atemoriza. Según explica, las personas afrontan este último momento de una forma u otra dependiendo de cómo han vivido. Uno muere con más paz si siente que ha sabido aprovechar su propia vida.

También encuentro a Ric Elias, un hombre estuvo a punto de morir en el vuelo 1549 que aterrizó en el Río Hudson en 2009. Un grupo de pájaros se había estrellado contra los motores del avión, lo que hizo que se produjera una grave avería. La pericia del piloto, Chesley Sullenberg (otro personaje muy interesante), hizo que el avión aterrizara en el Río Hudson, salvando la vida de todos sus pasajeros. Pero durante unos minutos todos pensaron que iban a morir. Ric Elias, CEO de Red ventures, cuenta en una charla TED (https://www.ted.com/talks/ric_elias?language=es) lo que aprendió en estos minutos. Él lo resume en estos tres puntos.

1) Toda tu vida puede cambiar en un instante.

2) Lamento el tiempo que desperdicié en cosas que no importaban. Elijo ser feliz.

3) Morir no da miedo, pero no me quería ir porque amo la vida.

Pero no puedo hablar de muerte e inspiración sin recurrir al que ha sido, probablemente, uno de los discursos más inspiradores de toda la historia de la humanidad. Aunque en aquel momento Steve Jobs aún no estaba a punto de morir, ofreció un discurso brillante en la Universidad de Stanford. Prácticamente me lo sé de memoria. Cuando tengo dudas, puedo encontrar casi todas las respuestas que necesito en la intervención del amigo Jobs. Hay algunas frases reveladoras que siempre guardo en mi cabeza y son las siguientes:

1) "A veces el ladrillo te da en la cabeza, pero eso siempre es por algún motivo".

2) "Los puntos solo pueden unirse mirando hacia atrás, no hacia delante".

3) "El único modo de realizar un gran trabajo es amar lo que uno hace".

4) "Si vives cada día como si fuera el último, algún día tendrás razón"

Gaona, autor de "Al otro lado del túnel", afirma que quien ha estado cerca de la muerte no solo pierde el miedo a morir, sino que pierde, fundamentalmente, el miedo a vivir, y que todos experimentan profundos cambios en su escala de valores. Algunos incluso comentan que después de esa experiencia les ha cambiado el carácter.

Según este autor, cuando las personas perciben la muerte suelen presentar las siguientes actitudes (Gaona, 2014):

1) Pedir perdón.

2) Perdonar

3) Expresar gratitud.

4) Expresar amor.

5) Decir adiós.

Creo que toda esa información es exactamente la que necesito para continuar este viaje hacia las profundidades de la vida y el misterio de la muerte.

¿Y QUÉ HAY
más allá de la muerte?

*"Si los hombres supiesen lo que es la muerte ya no
le tendrían miedo. Y si ya no le tuvieran miedo,
nadie podría robarles, nunca más, su tiempo de
vida."*

Michael Ende (Momo)

¿Qué habrá más allá de la muerte? Tengo que reconocer que siempre he sido poco creyente. Quizás en mi infancia sí lo fui, para luego pasar a ser atea convencida, mientras que ahora podría declararme más agnóstica que otra cosa. Es decir, he tocado todos los palos. Pero eso es bueno, puesto que tal y como siempre dice mi compañero Juan Carlos Arrese, algo es más ético cuantos más puntos de vista haya experimentado. Bueno, pues respecto a mis creencias sobre la muerte, veo que estoy avanzando en el camino ético.

Muchos de los autores y especialistas que han investigado experiencias cercanas a la muerte como Gaona, Kübler-Ross o Brian Weiss coinciden en que, cuando morimos, atravesamos un túnel de luz en el que podemos revisar nuestra vida al completo, y en el que sentimos un amor infinito. Dejamos de ser madres, padres, hijos, trabajadores, para ser la más pura esencia de nuestro ser. El amor infinito que nos invade se confunde con nuestra esencia fundiéndose en un todo.

Muchos estudiosos del tema han recogido y entrevistado a miles de personas que han tenido ECM (Experiencias Cercanas a la Muerte) pero que no murieron. Muchas de esas personas cuentan que salieron de su propio cuerpo y que, incluso, pudieron observar las cosas que pasaban a su alrededor. Aseguran que pudieron ver su propio cuerpo sin vida, quizás en la carretera después de un accidente, o quizás en la mesa de operaciones. Algunos incluso pudieron visitar sitios distintos, como quizás su propia casa en la que estaba su pareja haciendo otras cosas, o su familia. Otros pudieron contar cosas que habían pasado sin estar ellos presentes, dejando estupefactas a las personas protagonistas de estos hechos.

Esto coincide también con algunas experiencias que me ha contado gente cercana que ha tenido una ECM. No he tenido que ir a buscarlas, simplemente saliendo a tomar el fresco con algunos de mis vecinos, o compartiendo anécdotas con amigos, he podido comprobar que muchos cuentan historias similares.

También son varias las religiones que aseguran que pasamos por este mundo cambiando de cuerpo, yendo de vida en vida, aprendiendo de cada una de ellas hasta alcanzar la liberación a través de la unión con Dios. Es lo que conocemos como Reencarnación.

En el budismo, por ejemplo, el extraño *Libro tibetano de los muertos* o *Bardo Thodol* narra cómo tras la muerte y durante un periodo de 49 días, el alma del difunto va pasando por diferentes etapas o Bardos, como le llaman a tales estados extracorporales, hasta que, al final, se encuentra con una gran luz en la que puede entrar y así finalmente alcanzar la unidad perfecta con lo divino, si está preparada, o volver a nacer en el cuerpo de otra persona si todavía no lo está y retrocede ante la luz.

En la India también se dan ideas parecidas unidas al concepto de *karma*. Así, las religiones *dhármicas* aseguran que la reencarnación es un ciclo infinito (rueda del *karma*) del que únicamente podremos liberarnos cuando nuestros buenos propósitos sean suficientes para ello. Incluso, según algunos, naceremos en formas de animales o demonios si hemos cometido pecados y actos malvados.

La reencarnación era una creencia más corriente de lo que pensamos antes de la llegada del cristianismo oficial. En el antiguo Egipto, la vida tras la muerte y el juicio del alma ante Horus era una de las claves de su religión. Pitágoras, que supuestamente había viajado a Egipto, introdujo en Grecia la idea de la transmigración de las almas que formaba uno de los dogmas de la escuela de la que fue fundador y que mezclaba conceptos religioso-espirituales con conocimientos científicos.

Platón también recoge la idea de la reencarnación y la adapta al desarrollo de su particular doctrina de las ideas para justificar cómo adquirimos el conocimiento. Según él, mucho de lo que aprendemos es en realidad una reminiscencia de las ideas eternas o quizás de vidas anteriores. Con el triunfo del cristianismo todas esas creencias fueron amortiguadas y sustituidas por los conceptos de cielo e infierno.

Tras el auge de las religiones orientales a partir de la contracultura de los años 60 y en el paradigma de un mundo mucho más globalizado, la idea de la reencarnación ha cobrado de nuevo fuerza a pesar de los poderosos argumentos en su contra. Así, sus detractores se preguntan: ¿de dónde salen tantas almas si somos cada vez más humanos en la tierra? y ¿dónde estaban estas almas antes de que existiera la humanidad?

En la actualidad es interesante, por ejemplo, el caso de Brian Weiss, un psiquiatra estadounidense que, al realizar una hipnosis durante una sesión con una paciente, comprobó que sí hay conexión a vidas pasadas. A partir de ahí siguió investigando este tema a través de la hipnosis y ahora cree y defiende firmemente la existencia de la reencarnación. Según afirma, venimos a aprender algo en cada vida. Nosotros mismos somos los que decidimos lo que queremos aprender y, con este objetivo, elegimos a nuestros padres y qué vida queremos vivir. A lo largo de los siglos, y de las vidas sucesivas, nos vamos encontrando a veces con las mismas personas. Quizás tu mejor amigo fue un hijo tuyo en otra vida, o un hermano, o una hermana.

Si pudiera creer en algo, me encantaría creer en Brian Weiss. Me encantaría creer que mis hijos me han elegido como madre, que mi pareja y yo nos hemos conocido en otras vidas y nos hemos vuelto a encontrar en esta, y que en alguna otra vida, o quizás en esta misma, pues yo siempre he sido muy impaciente y eso de esperar a otra vida me desespera un poco, volveré a encontrarme con mi abuela Joana Aina, a la que tantísimo echo de menos. Me encantaría creer que mis amigas del alma y yo nos conocemos desde hace siglos infinitos, como a veces parece, y que andamos de vida en vida, buscándonos, para tomarnos unos vinos, echarnos unas risas, y arrimar el hombro cuando hace falta.

No me importaría, incluso, ser algún día la hija de mis hijos, para poder vengarme un poquito y gastarles también todos sus rotuladores y pinturas. En cambio, convertirme en la madre de mi madre podría ser peligroso, porque estoy absolutamente segura de que su dulce venganza se serviría en plato frío, como siempre ha deseado y me transmite a través del pícaro brillo de sus ojos cuando mis hijos me hacen alguna trastada.

Pero me parece que no creo. Y eso que no hay nada que me apetezca más porque, si creo que esta es solo una vida entre tantas, si creo que volveré a ver a la gente que quiero, si creo que he venido a aprender, si creo todo esto, entonces me permito ser aún mucho más libre, y la muerte se convierte en el inicio de otra gran aventura en la que jugaré a identificar a la gente que tanto quiero en esta vida.

Si creo, entonces me siento mucho más libre para equivocarme, para disfrutar, para ser feliz, para amar, para vivir, porque no me lo estoy jugando todo a una vida. Si me equivoco tendré todo un universo de infinitas vidas por delante para seguir aprendiendo, para enmendar mis errores y para estar con la gente que quiero. Y, encima, el amor que siento por los que me rodean es aún más grande porque les quiero desde siempre, desde todas las vidas, y a mis hijos los quiero más porque ellos me eligieron a mí. Espero que se acuerden de eso cuando sean adolescentes renegando de sus madre con el objetivo de formar su propia identidad.

Pero a pesar de mis dudas, a pesar de ser agnóstica también en este asunto de la reencarnación, a pesar de que mi mente de ciencias me quiere retener en el paradigma de la vida finita, no puedo negar que hay muchas cosas, ya no en la vida de los demás, sino en la mía propia, que no tienen explicación en mi mente racional.

Siempre he sido una persona con una gran intuición, incluso a veces he rozado las dotes premonitorias. ¿Cómo se puede explicar sin magia, sin más allá, y solo con ciencia reduccionista esas cosas que me suceden a mí y a mucha más gente? ¿Cómo se puede explicar esa sensación que tanto tú como yo hemos tenido a veces al conocer a alguien, esa certeza que recorre tu cuerpo, o incluso más allá, la certeza que recorre, tu alma, tu ser, de que la conoces desde siempre, cuando es la primera vez que la ves? ¿Cómo se pueden explicar esos fuertes brotes de intuición clarividente en que sabes algo que va a pasar en el futuro?

¿Cómo se puede explicar que mi abuela se me apareciese el otro día en mis sueños? Fue tan real... No me dijo nada, pero estaba en la casa en la que vivo, la que fue su casa justo antes de morir. Me cocinó *burballes*, mi plato favorito, sin cruzar una palabra conmigo, pero con la mirada más amorosa que nunca. Durante todo el sueño yo sentí un amor tan intenso, tan infinito, que es imposible de explicar más allá de la ciencia.

Aunque aún no creo en la reencarnación, me gusta sentirme como si creyera. Hay mil cosas en las que no sé qué creer, pero sí estoy segura de que existe la magia, la intuición, y que lo que estamos viviendo, esta oportunidad, es un regalo. Y sí creo en el túnel de luz del final, en que lo que queda en el último instante es amor, en que esa es la búsqueda definitiva, la más importante del ser humano, y en que no es absolutamente imprescindible estar cerca de la muerte para aprender las cosas que necesito, ni para ser amor.

TODA TU VIDA
puede cambiar en un instante

*"Tal vez la vida, a veces, te cambia de una forma
que no hay nada más que decir."*

Alessandro Baricco (Seda)

Y cuando estoy escribiendo estas letras, a mis 42 años, siento que no he llegado aún a la mitad de mi vida, puesto que mi intención es morirme como mínimo centenaria, rodeada de nietos y bisnietos. Ninguno de nosotros, si estamos sanos, pensamos que nada vaya a cambiar en los siguientes instantes, o en los siguientes días. Damos por hecho que todo va a seguir igual y que, con nuestra rutina, vamos a seguir avanzando en el camino. Pensamos en lo que vamos a comer mañana, en esos ahorritos que nos permitirán comprarnos esto o aquello, en las vacaciones, en que tenemos que arreglar el jardín, en que deberíamos ordenar el armario, en el precio del petróleo, o en cómo está la prima de riesgo... ¿Dónde vamos a parar?

Creemos que todo va a seguir el orden correcto, que moriremos de viejos después de nuestros hijos, y después de nuestros nietos. Nuestro avión no se va a estrellar, jamás tendremos una enfermedad que arrase con nuestra salud, o la de nuestros seres queridos, ni nos va a atropellar un coche, ni nada por el estilo. Porque a nosotros no nos pasan estas cosas, ni a nosotros ni a nuestra familia. Hasta que pasa.

Solo en la calle en la que vivo, no debe de haber más de 30 casas, hay dos viudas muy jóvenes. Una, su marido se ahogó, se lo llevó una corriente marina y no sobrevivió en una playa cercana. La otra, su marido, de treinta y pocos, murió una noche de un infarto fulminante. El pasado verano, un chico adolescente se escapó de noche de su casa, con su moto, y jamás volvió. Cuando sus padres lo estaban buscando por los alrededores él ya yacía muerto en una carretera a unos 20 km de su casa. Es posible que ellos, como tú y como yo, pensaran que estas cosas solo les pasan a los demás.

Mi intención no es ser ceniza, no es causar miedo. Lo que quiero es que seas consciente de que puedes vivir cada día intensamente y disfrutar de ese precioso regalo que es la vida.

No somos conscientes de que todo nuestro mundo puede cambiar en un instante. Este es uno de los mensajes que deja Ric Elias en su charla en el TED. Los que fueron a trabajar al World Trade Center el 11 S, o los que iban en el tren en Madrid el 11M, o quien ha sufrido un accidente de coche, o le han diagnosticado una enfermedad terminal... es probable que no lo imaginaran.

Algunos, como siempre ocurre en las grandes catástrofes, tuvieron una premonición y no asistieron al lugar. Para ellos, que creyeron saber que algo malo iba a pasar, esa también fue una experiencia que probable-mente les cambió la vida para siempre.

Y todo ocurre en un instante, en un solo instante. Antes de eso, tu vida era la de siempre. Con tus cosas mejores, o peores, con tu pareja que es un pesado o con tus hijos que no te dejan tranquila, o la vecina que siempre pone música cuando tú quieres relajarte. Con tus "quiero más, yo soy así, la vida es cojonuda", o "la vida es una mierda".

Ric Elias, como muchos de los que han pasado por una experiencia cercana a la muerte lo suficientemente intensa, saben que hay un antes y un después. Todos desechan las cosas que no son importantes y discuten menos. Saber que la vida les ha dado una segunda oportunidad, que la vida que viven es de prestado porque podría haber terminado aquel día, les ayuda a verlo todo de otra manera. ¿Pero por qué tenemos que llegar a este punto para poder tomarnos la vida de otra forma?

Toda tu vida, toda mi vida, puede acabar en el siguiente instante por mucho que pensemos que lo tenemos todo bajo control. Pero lo cierto es que en un abrir y cerrar de ojos puedes perder a alguna de las personas que más quieres en este mundo. Este estatus que creemos perpetuo puede transformarse de repente. Todos hemos perdido personas a las que queríamos profundamente, y las seguiremos perdiendo mientras sigamos vivos.

Ser consciente de la condición volátil del ser me lleva a dar gracias por lo que tengo, a apreciar mi vida y, sobre todo, me lleva a sentir más amor por mi familia.

¿PERO POR QUÉ NECESITAMOS VIVIR UN HECHO TRAUMÁTICO
para ser conscientes de que hay un final?

"Es raro cómo funciona la vida.
Deseas algo y tienes que esperar y esperar, y
sientes que no llega nunca. Luego sucede y se va, y
todo lo que deseas es acurrucarte una vez más en
el instante anterior a que cambiaran las cosas."

Lauren Oliver (Delirium)

Muchos de nosotros no somos conscientes de todo lo que tenemos, hasta que lo perdemos.

Mi hija Carmen estuvo muy cerca de morir cuando estaba a punto de nacer. El parto acabó en una cesárea de urgencia, que empezó cuando yo solo tenía dormida la mitad vertical del cuerpo, porque la epidural en la otra mitad no produjo el efecto adecuado. Un mes antes de que naciera mi hija Carmen, una pareja muy cercana a mi, e inmensamente querida, había perdido su primer hijo. Pocos días antes de nacer se le apagó el corazón y no llegó a este mundo, con toda la tristeza que eso supuso.

Cuando por fin crucé la calle que separaba el coche del hospital, con mi hija en brazos y los ojos cubiertos de lágrimas, me sentí profundamente agradecida por poder tenerla, porque respiraba, porque era preciosa, porque yo estaba viva, y porque en casa me esperaba mi otro hijo, Miguel, que en aquel momento rozaba esa edad entre bebé y niño.

A las pocas semanas tuve un profundo dolor en la espalda que impedía que me tumbara o sentara con la espalda recostada, supongo que debido al sufrimiento de una cesárea que, en palabras de mi ginecóloga, fue la más difícil de toda su carrera.

La única posición que admitía mi cuerpo era estar sentada o de pie con la espalda encorvada, y cualquier otra posición era terriblemente dolorosa. No había nada que pudiera calmarme, ni analgésico, ni otra postura. No podía tumbarme, no podía dormir, no podía casi ni bañarme, y mi marido tenía que ponerme a mi hija en brazos para darle el pecho. No podía coger a mi otro hijo, Miguel, ni hacer prácticamente nada. Pasé cuatro días sin dormir apenas, puesto que en cuanto relajaba los músculos de mi espalda el dolor era insoportable. Al cuarto día no podía parar de llorar, hasta que mi osteópata favorita, la mejor del mundo para mí, Raquel Beltrán, en unas pocas sesiones hizo que pudiera volver a tener una vida normal.

Desde entonces y aunque fueron solo 4 días del dolor más intenso que he experimentado jamás, aunque ni siquiera estuve cerca de la muerte, cada mañana, lo primero que siento cuando abro los ojos, es agradecimiento por haber podido dormir en una cama, por tener un cuerpo que me permite abrazar y coger en brazos a mis hijos. Ese dolor que tuve en un momento puntual ha hecho que mi primer sentimiento cada día, desde entonces, sea el de agradecimiento. Acto seguido miro a mis hijos, que acaban casi todas las noches en mi cama, los siento respirar y su calor en esa maraña de cuerpos entrelazados. Entonces doy gracias por segunda vez.

Lo que a mí me ocurrió, comparado con lo que le pasa a mucha otra gente o con lo que quizás me pase a mí en el futuro, no es nada. Ni lo mío ni lo de mi hija fue grave, ni determinante, pero eso hizo que mi atención se fijase desde aquel momento y hasta hoy en poder tumbarme, en poder moverme libremente.

Pero antes de eso, nunca, jamás, había sido tan consciente de lo importante que era el buen funcionamiento de mi cuerpo para poder llevar una vida normal.

¿Pero por qué necesitamos perder algo para ser agradecidos con la vida, para sentir que lo que tenemos es un regalo, algo especial, irrepetible, único... un milagro? ¿Por qué necesitamos un susto como el de Ric Elias para apreciar la vida, para sentir la necesidad de ser buenos padres, o para no volver a discutir nunca más por tonterías? ¿Por qué necesitamos ser conscientes de que la vida es finita para elegir ser feliz en vez de empeñarnos en tener razón?

¿Por qué tiene que pasar algo para perder el miedo a vivir la vida que realmente queremos? La respuesta es simple: porque, tal y como aseguran las personas que han pasado por una experiencia de estas, te das cuenta de la grandeza de la vida y de lo absurdo del miedo.

Eso lo que nos aporta la conciencia de la muerte casi inmediata, la conciencia de la vida, de su grandeza. Por eso, las personas que han pasado por ello coinciden en que pierden el miedo a vivir la vida que ellos quieren. Pierden el miedo a la muerte porque en esa experiencia son solo ellos mismos ante la vida que dejan. Dejan de ser padres, madres, hijos, empleados, o empresarios. Aseguran que cuando el cuerpo se separa de sí mismos ya solo queda el "ser", nada más importa y es lo único que se llevan, es lo único importante. Por ese motivo, cuando se dan cuenta de que se les ha concedido una segunda oportunidad concentran el resto de su vida en ser ese "ser". El "tener que hacer" pierde su importancia. Se convierte todo en amor, y probablemente gracias a haber estado a punto de morir, viven una segunda vida más viva que nunca.

¿QUÉ NOS APORTA
la certeza de la muerte?

*"No importa lo que hagas para huir de ella.
La muerte aguarda con paciencia su momento,
agazapada tras tu sombra, dispuesta a sorprenderte cuando menos lo esperas."*

Esther Sanz (El bosque de los corazones dormidos)

¿Pero si tú y yo ya sabemos que vamos a morir, y lo sabemos, por qué tenemos que esperar a ese momento límite para poner en práctica toda esa certeza, esa sabiduría?

Nos creemos inmortales, fuertes, omnipotentes, pero somos solo un instante en el universo. Sabemos que vamos a morir, pero seguimos mirando al otro lado, engañándonos con sandeces como la certidumbre, la rutina o el ego. Nos quedamos viendo los toros detrás de la barrera, sacando el capote de vez en cuando, pero sin salir a torear.

Steve Jobs comentaba en su famoso discurso que el saber que iba a morir era la herramienta más importante que había encontrado para tomar las grandes decisiones de su vida, y lo comparto. Para él esta es la gran prueba de que no tiene nada que perder, puesto que si al final del camino lo que queda es la muerte, puede vivir de forma más arriesgada.

La certeza de que vamos a morir, saberlo, recordarlo, saber que mi tiempo, tu tiempo, es limitado, permite tomar decisiones sabias, porque las decisiones más sabias son las que no entienden de miedos, ni de incertidumbres, ni de ser conservador. Saber que voy a morir me lleva a pensar que el tiempo que tengo es limitado. El tiempo que tengo para compartir con mis padres, con mis hijos, con mi pareja, con mis amigas, todo es limitado. Ya no tengo todo el tiempo del mundo.

SI VIVES CADA DÍA COMO SI FUERA EL ÚLTIMO,
algún día tendrás razón

"La muerte está enfadada.
Es el momento de sacarle la lengua."

José Saramago (Las intermitencias de la muerte)

Si vives cada día como si fuera el último, algún día tendrás razón. Esta es otra de las grandes frases que nos dejó Steve Jobs en su discurso de Standford. Cuántos "te quiero" no dichos, cuántos abrazos no dados, cuántos besos, cuántas gracias, cuántos perdones.

Cuba está tan cerca y tan lejos de mi. Cuando estoy en España, la tengo tan cerca en mi corazón, pero tan lejos físicamente. Cuando estoy en Cuba siento que siempre he estado cerca, y que yo pertenezco a esta gente y a esta isla.

Aquí viven algunos de mis mejores amigos y mi familia política. Hacía cuatro años que no venía. La decisión de dedicarme a lo que más amaba, hizo que durante un tiempo tuviéramos que asumir algunas restricciones económicas, entre ellos los viajes intercontinentales.

La madre de mi pareja no conocía a Carmen, mi hija pequeña. Estaremos juntos, toda la familia, unas pocas semanas. Berta, mi suegra, tiene este breve tiempo para ejercer de abuela, hasta la próxima vez que volvamos. Pero quién sabe lo que habrá podido pasar para entonces. Yo la miro, ella hace de abuela como si fuese el último día de su vida, como si se lo jugara todo a una carta, porque sabe que algún día tendrá razón y que sus días de ser abuela son menos que si viviera más cerca de nosotros.

Malcría a mis hijos haciéndoles todos los batidos de frutas que piden sea la hora que sea. No les riñe y muestra una paciencia que yo sé que no tiene. Sabe que su tiempo es limitado y pone en marcha su mejor versión de abuela. Inevitablemente tiene que construir bajo presión un recuerdo de abuela que permanezca para siempre en la mente de mis hijos. Yo sé lo importante que son sus nietos para ella. Desde que la conocí, antes incluso de que ella supiera que yo sería la madre de algunos de sus nietos, ya pregonaba que el amor que se siente por los hijos de sus hijos es lo más maravilloso que le ha pasado en la vida.

Cuando me encuentro con mis amigos, con mis cuñados, siento como si les hubiera visto ayer, como si no hubieran pasado cuatro años, sino solo unas breves semanas. El amor es lo que está presente en esos abrazos, yo lo siento y sé que ellos también.

Y como mi tiempo de estar aquí es limitado, yo también, como Berta, muestro mi mejor versión con mi familia y amigos, y procuro estar con ellos todo lo que puedo. Nos contamos cosas, nos reímos y disfrutamos de ver cómo han crecido los niños y cuánto hay en ellos de cada uno de nosotros.

Con ellos vivo estas semanas como si fueran las últimas, porque no sé cuando volveré y porque es probable que pase mucho tiempo hasta que lo haga. Les miro y me regodeo en el amor que siento por ellos, y no me lo callo porque no sé qué pueda pasar la próxima vez. Vivo Cuba intensamente.

Todos vivimos los viajes intensamente porque sabemos que duran un tiempo limitado y que, al terminar, toca volver a la vida diaria, mejor o peor, pero cotidiana. La vida es también un viaje finito, con un tiempo limitado.

Y es por eso, porque no sé qué pueda ocurrir mañana, que quiero sentirme como me siento ahora aquí. Quiero vivir el día a día siendo consciente de que la vida es para mí como Cuba, algo que está tan cerca como para poder tocarlo con las puntas de los dedos, y tan lejos que a veces se me olvida vivirla como merece. Por eso quiero vivir intensamente el amor que siento por los míos y decir más te quieros, mirar más a los ojos, ver más puestas de sol y más amaneceres, sentir que la vida corre por mis venas, tomar más copas de vino (o quizás más tazas de té, ya a mi edad) con mis amigos, tener más conversaciones trascendentales sobre lo humano y lo divino.

capítulo dos

LO QUE DE VERDAD IMPORTA

*"El secreto de la existencia no consiste solamente
en vivir, sino en saber para qué se vive"*

Fiódor Dostoievski

Cuánto tiempo perdemos en discusiones absurdas, en elucubraciones mentales sobre el pasado o sobre el presente. Pero ¿cuántas de esas cosas son realmente importantes? ¿Cuántas haríamos si fuese el último día, si fuéramos conscientes de que todo puede cambiar en un instante, si creyéramos realmente que vamos a morir, que esto se acaba, que no es eterno?

EL EGO

"El orgullo y el ego son dos alimañas de la misma familia disfrazadas bajo el concepto de dignidad."

Kristel Ralston (Lazos de Cristal)

En su discurso del TED, Ric Elias reflexiona acerca de las veces que, antes de pensar que iba a morir, había dado lugar a su ego, dedicando tiempo a cosas que no le importaban con gente muy importante para él. Según explica, desde ese día y durante los siguientes dos años después de su accidente de avión, jamás ha vuelto a discutir con su mujer.

La palabra ego significa "yo" en latín. Según la RAE es la "valoración excesiva de uno mismo". A partir de Freud y el nacimiento del psicoanálisis se define como la concepción que tenemos de nosotros mismos, la forma en que nos vemos, quién creemos que somos. El ego, la personalidad que creemos que tenemos, se construye a lo largo de nuestra vida resultante de la relación que mantenemos con el mundo exterior, las creencias que vamos haciendo nuestras, con el paso de la niñez a la adolescencia y a la adultez.

Pero es solo una visión, la visión de una sola persona, tú mismo. Hay decenas, quizás centenas de visiones diferentes sobre ti. No te ves igual tú que como te ve tu madre, o como te ve tu hijo, o como te ve tu mejor amigo, o como te ve el panadero al que le compras el pan cada día. Si escuchamos lo que nos transmite el entorno sobre nosotros mismos y lo vamos integrando, nuestra visión del ego se enriquece. Eso se traduce en sabiduría. Y cuanta más sabiduría, más sabremos lo poco que sabemos, y más humildes seremos.

Si no somos conscientes de eso, si pensamos que solo existe nuestra propia construcción de la realidad, entonces creemos que nuestra versión es "La Realidad", la única. Como en el mito de la caverna, en el que Platón describe cómo unos hombres encadenados desde siempre dentro de una caverna veían las sombras de personas que pasaban por delante con objetos cargados y consideraban que esa era la verdad. Tanto que, según Platón, si uno de los hombres hubiera conseguido salir y ver la realidad con sus ojos, y luego hubiera entrado para explicar a sus compañeros que estaban equivocados, estos no le hubieran creído y se habrían burlado de él.

También podemos comprobar la infinidad de visiones que se acumulan sobre nosotros mismos con una herramienta muy utilizada en el mundo empresarial, el "feedback 360". Los compañeros de trabajo de una persona, o incluso su familia o sus amigos fuera de la empresa, opinan sobre las habilidades y características de esa persona. Cuando esta recibe las respuestas lo más habitual es que se sorprenda puesto que la visión que tiene de sí misma no suele corresponder con la de los demás.

Pero cuantas menos perspectivas tenemos de nosotros mismos más sesgada es la información. Incluso, a veces, aunque tengamos muchas visiones, aunque sepamos mucho, algunos egos pasados, pobres e infantiles, toman el poder y tenemos comportamientos que distan mucho de lo que más nos conviene.

Al ego le gusta tener razón siempre, no mostrar sus debilidades, ganar, y su visión de la realidad es muy limitada. Para él solo existen dos versiones:

la suya, y la que está equivocada, por lo que cuando las cosas no salen como el ego ha decidido que tienen que salir, tendemos a lamentarnos y a caer en la posición de víctima.

En esos casos, el ego busca culpables ante las situaciones que se le presentan, y nunca suele mirar hacia sí mismo para encontrarlos. No le gusta compartir las responsabilidades de lo que haya pasado, sino que prefiere que respondan por ello los demás. Si encima, como es mi caso, el ego es algo charlatán, entonces nos conduce irremediablemente a discutir con nuestras personas queridas por cosas sin importancia.

Podrás reconocer tu visión sesgada de la realidad detrás de decenas de situaciones, cuando te descubras intentando tener razón a toda costa en una discusión, sintiéndote ofendido cuando alguien opine sobre ti o te diga algo que no te gusta, cuando necesites ser más que nadie, cuando clasifiques el mundo entre ganadores y perdedores y te alegres de estar en un grupo, o te sientas triste por estar en el otro, cuando te identifiques con tus triunfos o con tus posesiones, y no con quien realmente eres, cuando necesites tener cada vez más y más.

La pobreza de nuestro ego es inversamente proporcional a nuestra felicidad. Cuanto más pobre es nuestro ego, más vacía es nuestra vida. Cuanto más vacía está nuestra vida, más necesitamos que nuestro ego resurja para aportarnos algo de dignidad.

El ego herido

La pobreza priva al ego del aire que necesita para respirar. Sin aire el ego está herido, siente que se le niega la existencia, y aparece su instinto de supervivencia en forma de enfado profundo con el mundo. Podemos detectar las vidas vacías a nuestro alrededor, personas buscando discusiones absurdas que les llevan a reafirmarse, a decir "yo estoy aquí" mediante métodos absurdos.

Como el señor que te grita en los semáforos, o que establece competencias absurdas en la carretera, o la señora que mantiene su lugar a toda costa en la cola el pan.

O esas personas que están constantemente preocupadas por lo que tú haces en tu vida, dispuestas a criticar cualquier cosa. Yo misma, que suelo apartarme de los códigos normalmente establecidos en la sociedad en la que vivo, he sido objetivo habitual de estas críticas. Con quién sales, dónde aparcas, de dónde vienes, a qué hora das de cenar a tus hijos, qué ropa llevas puesta...

Muchos entran en el juego y empiezan a discutir con el señor que grita en los semáforos o a criticar a quien ha criticado con anterioridad. Es fácil caer en el juego, pero no hay que hacerlo porque detrás de todo eso solo hay miedo, miedo a mirar dentro de la propia vida. Las personas con miedo saben que en el momento en que se asomen a su propia realidad el dolor va a ser insoportable, porque no hay nada que duela más que una vida vacía, y para que no duela lo más fácil es luchar contra los demás, no a favor de uno mismo.

Yo no suelo entrar en el juego porque he sido una gran experta en miedo, porque lo he sufrido en mis propias carnes. Sé que detrás de un ego pobre y herido, de la envidia, de la competición sin sentido, detrás de esa susceptibilidad vive el miedo, la tristeza, la infelicidad y la insatisfacción.

La vida más allá del ego

El ego empobrecido tiene una única perspectiva, mientras el ego rico tiene muchas más. La vida más allá del ego pobre está en jugar a ponernos diferentes sombreros y experimentar qué pensamos con uno u otro puesto.

Disociarse de los sentimientos, ver las cosas desde perspectivas distintas sin la nube infinita de códigos socialmente aceptados, puede ayudarnos a experimentar otras formas de ver la vida.

Podemos buscar esas otras perspectivas de nosotros mismos, o de las situaciones que vivimos, en otras personas, pero no siempre hace falta. Puedes conseguirlo tú mismo. Simplemente tienes que levantar los ojos y posar la mirada en todo lo que te rodea, jugar un poco y enriquecerte con las infinitas miradas que puedes encontrar a tu alrededor.

Muchas de las personas que toman las mejores decisiones, las más justas, saben jugar a eso. Por ejemplo, según cuentan, la fascinante ministra Israelí Golda Meir, conocida en su tiempo entre otras cosas por su gran sentido común, solía decir que cada vez que tenía que tomar una decisión difícil, le preguntaba a su tatarabuelo y a su tataranieto. Eso le permitía tener una perspectiva lejana, a la vez que alineada con sus raíces y con el futuro.

Pero no necesitas ser ministra, ni ir tan lejos si no quieres. Solo eleva tu mirada un poquito. Podría poner miles de ejemplos: ¿cómo verías la vida si fueras un espectador de tu propia película? ¿Y si fueras un pájaro? ¿Y un pez? ¿Cómo se ve lo que te está pasando desde esa estrella? ¿O desde esa nube? ¿Cómo lo ve un árbol centenario? ¿Cómo lo ve el cactus de tu mesa? ¿Cómo lo vería Platón? ¿Qué consejo te daría Golda Meir? ¿Y

Stephe Jobs? ¿Cómo verías esa situación si fueras tu hijo? ¿Y si fueras tu padre, o tu madre?

Pero aún hay alguien más especial a quién puedes preguntar. La persona que tiene todas las respuestas que necesitas, la más sabia para ti porque es la que te conoce mejor que nadie. Aunque tendrás que echarle imaginación, pues no está aquí en estos momentos, y deberás viajar a otros tiempos tuyos. ¿Qué te diría el niño que fuiste? ¿Qué te diría el viejo que serás? ¿Qué te diría tu yo de 20 años, ese al que aún le quedaban cientos de mundos por explorar? Incluso, ¿qué te diría tu yo si no hubiera nacido en el lugar que nació?, ¿y si hubiera nacido en otra familia?, ¿cómo sería ese yo?

Yo suelo recurrir a cuestiones como: ¿qué diría la adolescente que soñaba con la familia perfecta si viera que grito a mis hijos? ¿O la mamá que acaba de enterarse de que está embarazada, esa a la que se le cayó el teléfono móvil nuevo en la taza del water de la emoción y la ilusión que sintió en el preciso momento en que supo que una vida se gestaba en su interior? ¿O la futura mamá, esa que está despidiendo a sus hijos en el portal mientras estos se van a vivir fuera para siempre, si me viera que elijo ver la tele en vez de jugar con ellos? ¿Qué diría la Ángela moribunda si viera que hoy me estoy aburriendo en vez de ponerme la vida por montera?

Porque yo, en mi mundo, no tengo perspectiva; pero ellas, todas las otras, sí la tienen. Y enriquecen mi ego, permiten que llene los pulmones de aire y que vea la vida desde sus puntos de vista, que siempre son mejores que la que está metida en todo el meollo, aquella a la que el árbol le impide ver el bosque. Aquella que está perdida en un mar de sentimientos ajenos a la realidad, que son a la vez más realidad que nunca.

El abuelo

Josué, el abuelo de Marisa, tenía 90 años cuando dio su último aliento. Marisa nunca había entendido a Josué; para ella siempre fue un personaje muy extraño. Era celoso, desconfiado, malhumorado. Casi cualquier situación en el mundo le parecía amenazante y pasó su vida recelando de todo y de todos. Excepto a su hija, a su yerno y a su nieta, echó de su casa a cualquier persona, familiar o no, que quisiera a su mujer, que era una persona conocida por su amabilidad, comprensión y cercanía. Él sólo entendía una forma de amar, la posesión, y para sentirse tranquilo debía tener a todas las personas de su alrededor bajo su yugo. Intentó por todos los medios que su hija, la madre de Marisa, no trabajara ni se labrara ningún futuro; aún así, no pudo evitarlo y la madre de Marisa consiguió estudiar.

Marisa, preguntando a la familia, intentando ver por qué su abuelo era así, descubrió que la madre de Josué lo crió a golpes, probablemente porque era el único lenguaje que conocía, y que Josué había trabajado desde los 6 años en su casa. No pudo ir a la escuela, su infancia fue un mal trago por el que necesariamente tuvo que pasar, y jamás pudo disfrutar de sus hijos. En una familia extremadamente pobre, en la que lo que primaba era el "sálvese quien pueda", Josué había crecido sin rastro alguno de amor, de compasión, de seguridad, ni de alegría.

Muchas personas pasan por eso; algunas evolucionan y consiguen ponerse del lado del amor y la generosidad, mientras que, otras, no consiguen vencer al dragón de la miseria en la que se han criado y se quedan atrapados en la tiranía. Marisa lo sabía. Ella tenía 40 años, había vivido mucho, en un montón de países, conocido a mucha gente y era una persona tremendamente comprensiva. Por eso, cuando Marisa le miraba, sentía lástima en vez del miedo que sentían su abuela y su madre.

Josué adoraba a su nieta. Siempre le había procurado todos los caprichos que había podido. Con ella se permitió el amor libre, muy lejos de la tiranía que ejercía sobre su propia hija. Y Marisa lo quería a su manera.

Marisa, después de haber vivido una vida llena de aventuras y de retos profesionales, sintió que era el momento de ser madre; y como no había encontrado pareja con quien compartir su vida decidió apostar por la fertilidad asistida y un banco de esperma, y se quedó embarazada.

Cuando se lo dijó a su abuelo, inexplicablemente para Marisa, este montó en cólera y le dedicó palabras muy desagradables que ninguna mujer embarazada e ilusionada merece oír jamás. Desde entonces no volvió a casa de su abuelo, hasta que su madre le suplicó que fuera porque estaba postrado en la cama y ya no le quedaba mucho de vida.

Su abuelo ya no hablaba, solo la miraba triste, y Marisa le miró indiferente, sin ningún recuerdo del amor que había sentido jamás por él y sin importarle en absoluto su muerte. Josué murió dos días después, y Marisa se sintió, incluso, liberada. Decidió no dedicar ninguna lágrima, ni ninguna despedida. Para ella su abuelo había muerto el día que dijo esas palabras. En ese instante se derrumbaron todos los débiles pilares que habían sostenido su relación, y todos los besos, los recuerdos, las muñecas, los regalos y las risas quedaron enterrados bajo sus ruinas.

Yo conocí a Marisa algunos años después, cuando ella estaba trabajando en otro de sus proyectos de vida. En esos momentos, ella estaba feliz con su hija y muy lejos ya del dolor que causaron la palabras de Josué ese día. Esa lejanía le permitía ver desde lejos la situación, interpretarla de nuevo y asignarle otros significados.

Marisa aprendió, muchos años después, que las palabras de su abuelo hirieron su ego y le hicieron olvidar los años que habían pasado juntos.

Que eso la llevó a dejar que la última mirada hacia su abuelo fuera una mezcla de odio y de indiferencia, en vez de comprensión por una infancia triste y una vida pobre de experiencias enriquecedoras. Que se puso a su altura en vez de estar por encima de todo eso. Y ahora, que ya le había perdonado, en el fondo deseaba que descansara en paz, y le hubiera gustado también poder cambiar su última mirada, la de indiferencia, por susurrarle al oído un "buen viaje".

LAS BATALLAS
que de verdad importan

*"Vivimos en la era del secreto y del miedo.
Debes tener dos caras. Muestras una a la
multitud y guarda la otra para ti mismo y para tu
creador. Si quieres mantener tus ojos, tus oídos y
tu lengua, olvídate de que los tienes"*

Amin Maalouf (Samarcanda)

Las batallas que de verdad importan son a veces las que menos luchamos. Las que no importan, que a menudo son las que elegimos, son el árbol que no nos permite ver el bosque, las que nos mantienen frustrados y nos alejan de las cosas importantes.

Yo tengo batallas que de verdad importan pendientes de luchar en mi vida. Siento que bajo la cabeza ante cosas que son esenciales. Quizás tendría que luchar más por la educación que sé que deberían tener mis hijos, y muchos otros niños. Es una batalla que realmente importa, pero no hago lo suficiente. Posiblemente ni tan siquiera mi parte.

También hay batallas que son mucho menos titánicas, como resolver esa incomodidad que nos molesta cada vez que... Para algunos, se manifiesta cada vez que entran en su trabajo, otros cada vez que se meten en la cama con su pareja, otros cuando abren los ojos por la mañana...

Y luego hay batallas aún más pequeñas que, sin embargo, suelen ser las más grandes: esa melancolía que sentimos cuando nos damos cuenta de que hace un montón que no tenemos un ataque de risa, o que no aprendemos algo, o que no hemos pasado un rato haciendo algo que de verdad nos encante.

Esas son las batallas que enmascara nuestro ego pobre, que impiden que nos miremos al espejo, sentir compasión por nosotros mismos, o ser valientes, marcharnos, cerrar puertas, reírnos de todo, pero especialmente de nosotros mismos. Son las batallas que no afrontamos.

Por el contrario, dedicamos tiempo a batallas que no son importantes y que podrían resolverse de una forma terriblemente sencilla, como por ejemplo cuando discutimos con nuestra pareja sobre cómo doblar los trapos de la cocina, o si la cortina de la ducha se pone así o asá. O con nuestros hijos, sobre si tienen que vestirse de una forma u otra, o acabarse el plato de comida, o comer ciertos alimentos.

Pasamos gran parte de la vida luchando por cosas que no importan para no fijar la atención en las cosas que sí importan de verdad, aquellas que nos podrían llevar a vivir una vida bien vivida, a no decir "ojalá" cuando nos encontremos ante la puerta de la muerte.

EL PERDÓN

"La vida no es la que uno vivió, sino la que uno recuerda y cómo la recuerda para contarla"

Gabriel García Márquez (Vivir para contarla)

Según Gaona (2014), pedir perdón y perdonar son dos de las cinco cosas o actitudes que ha detectado en las personas que perciben que están cerca del final de su vida.

Tanto en un sentido como en otro, cuando ha habido un hecho doloroso entre dos o más personas, si no ha habido perdón, si la herida continúa abierta seguirá existiendo una barrera de resentimiento, de tristeza, o de dolor emocional.

Perdonar

"Nunca es demasiado tarde para tener una infancia feliz"

Milton Erickson.

Algunos dicen que el perdón llega cuando reconoces que nunca hubo nada que perdonar, sino que quizás lo que había era algo que comprender.

Yo pienso que esa frase tiene sus limitaciones porque, en ocasiones, comprender puede no estar al alcance de la mano.

Para mí, el perdón llega cuando te das cuenta de que lo que pasó, lo que alguien te hizo, no era suficientemente importante como para que albergues resentimiento en el corazón. Cuando te das cuenta de que estando resentido no eres libre, cuando eres consciente de que en algún lugar de tu cuerpo sigue ardiendo una llama que te impide vivir una vida plena y ser tú mismo.

Cuando no llegamos a perdonar surgen diferentes actitudes, entre ellas la de víctima: la culpa de que yo me encuentre así es del otro y yo no puedo hacer nada para remediarlo. Yo estoy dolido porque el otro lo ha decidido. Ten en cuenta que en ese caso estás entregando todo el poder de tus emociones al otro, y quien te hizo daño una vez, sigue teniendo el poder de hacerlo cada vez que pienses en eso.

Dentro de esta actitud encontramos algunas submodalidades.

Las condiciones. Si el otro me pide perdón, si el otro me demuestra "lo que sea", entonces podré perdonarle. En este caso seguimos acumulando el resentimiento en nuestro corazón a la espera de la actuación del otro. Seguimos entregando el poder a la otra persona, a la espera de que "haga algo" que nosotros hemos decidido que tiene que hacer. Este caso es curioso porque, en muchas ocasiones, ni siquiera le hemos dicho al otro lo que tiene que hacer, o lo que nosotros esperamos que haga.

La venganza. En este caso esperamos causar un dolor semejante al que nosotros hemos recibido, o estamos padeciendo. Es una herramienta de doble filo, porque puede desembocar en una guerra.

Profundizar en el perdón es una tarea árdua que probablemente requiera un libro completo por sí solo, y no es el objeto de este.

Pero ¿qué pasa cuándo ya no queda tiempo? ¿Qué pasa cuando ya no tienes tiempo de negociar? ¿De planificar la venganza? Quizás cuando tienes la elección delante, la elección entre el resentimiento y el perdón, te quedas con el amor. Puede que esto apoye a los que defienden que después de la muerte nos convertimos en un "ente" que es solo amor. ¿Por qué no? Es posible porque, entre otras cosas, como ya no hay futuro apostamos por el amor en vez del resentimiento.

Y es que sentirse objetivo de una ofensa, acumular resentimiento, está muy relacionado con el ego, y también con las batallas que de verdad importan. Porque si en este preciso instante en que estás leyendo estas letras optas por el resentimiento, estas eligiendo librar una batalla que hará que tu vida esté más lejos de ti mismo, una vida poseída por el dolor que alguien te causó en el pasado. ¿Y de verdad esa batalla importa? ¿De verdad prefieres optar por malgastar tu tiempo, tus pensamientos, por algo que ya no puedes cambiar? No puedes borrarlo de tu pasado, es cierto, pero sí de tu futuro, puedes hacer que esto no se instale en tu vida, que escriba tu guión.

Pero he de decirte que el pasado es tan solo una historia que te cuentas a ti mismo, en la que tú has creado tu verdad. Podrías elegir contarte otras versiones diferentes y también serían verdad. Para perdonar, pues, tú mismo puedes elegir la historia que quieras: algunas te harán caminar para siempre con una nube negra en tu corazón, otras, en cambio, te harán sentir más libre para volar aún más alto.

Lo curioso es que en muchas ocasiones guardamos para nosotros la peor versión, la que nos hace más daño, la que hace que nos comportemos de la forma más rígida posible: estando tristes, enfadados, queriendo tener razón, la del ego empobrecido.

La flexibilidad, tanto hacia ti mismo como hacia los demás, es una de las claves de la felicidad, y si crees que solo existe tu verdad, que cualquier otra verdad no tiene cabida, te estás perdiendo la magia de las infinitas verdades que te harán libre y que aún te quedan por descubrir.

Y ahora que ya lo sabes, ¿qué sentido tiene elegir la verdad más dolorosa?

Está en tu mano, solo tú tienes ese poder.

El perdón a uno mismo

Siempre ha sido muy fácil para mí perdonar a los demás. Quizás se instauró en mi mente debido a mi pasado en un colegio católico. Quizás porque siempre he tenido mucha empatía y he podido ponerme en la piel de los demás y comprenderlos. Quizás es porque nunca no he querido perder el tiempo en cosas que no eran importantes o que me hacían daño. No sé.

Lo que sí me resulta difícil es perdonarme a mí misma. Tengo la no muy sana costumbre de revisar una y otra vez algunas de las decisiones que he tomado en el pasado: ¿y si no hubiera estudiado lo que realmente quería a los 18?, ¿y si no hubiese elegido compartir mi vida con esas personas en ese momento?, ¿y si no hubiera perdido el tiempo?, ¿y si lo hubiera aprovechado?, ¿y si...?

Y aunque me sepa la teoría, suelo caer en lo mismo. Sé que soy lo que soy por todas las decisiones que he tomado en mi vida, equivocadas o no. Somos lo que somos por la conjunción de los buenos momentos, los malos, los fracasos, las buenas experiencias, las no tan buenas, los amores, los desamores. Todos y cada uno de los momentos vividos son los que nos definen.

Ni uno solo de mis libros habría salido de dentro de mí si no hubiera pasado alguna vez por algún dolor, si no hubiera vivido. Si hubiera acertado siempre, si todo hubiera sido perfecto, si siempre hubiera tomado la mejor decisión, no sería la persona que soy, la amiga, la madre, la hija.

Y cuando decido enfocarlo así me siento grande, afortunada y libre, mientras que cuando me da por pensar en todo lo que cambiaría, me siento pequeña.

Igual que algunas personas que he conocido deciden no enamorarse nunca para no sufrir, otras deciden no vivir, no moverse, no tomar decisiones para no equivocarse. En la cultura en la que yo he crecido me han enseñado a valorar de forma negativa el error, de ahí que muchos decidan no vivir para no sentir el dolor de la equivocación.

No hay forma de vivir sin experiencias. Sin ellas, nos estamos negando a nosotros mismos todos los aprendizajes que nos van a proporcionar. Afortunadamente, cada vez más vemos cómo en las escuelas se aboga por el aprendizaje experiencial, y lo mejor que podemos hacer por nuestros hijos es enseñarles a aprender de lo que puedan considerarse fracasos.

Me contaba mi amigo Javier Pérez que cuando su hijo Xabier era muy pequeño, una vez estando de excursión empezaron a tirar piedras al agua. El niño tiraba piedras, pero sus pequeñas manitas no acertaban a lanzarlas dentro del agua. Cuando fallaba, su padre hacía una fiesta, le aplaudía y le decía: "Casi, casi, casi lo has conseguido". Xabier tiene ya 6 años y, cuando no consigue algo, lo intenta una y otra vez y cada vez que fracasa mira a su padre sonriendo y le dice con toda la ilusión: "Casi, papá, casi lo he conseguido". ¡Qué gran aprendizaje el del casi! Y qué fácil y tan difícil a la vez es proporcionarlo.

Igual que no concibo la vida sin amor, no la concibo tampoco sin vivirla, sin arriesgarme, sin tomar decisiones. Y como en el amor, vivir la vida sin sufrir significa no moverse, y jamás tomaría ese camino. Abogo por la cultura del "casi" de Javier: "Quizás no tengo exactamente lo que quería, pero casi", y así con todos los "casis" que hagan falta. A partir de este momento, cuando me encuentro mirando el horizonte y el sol que se va escondiendo entre las montañas, elijo convertir todos mis fracasos, todas mis culpas, todos mis "y si..." en "casis" que son los que me han traído hasta aquí para escribirme a mí misma en estas vacaciones infinitas. Elijo alegrarme por todos ellos, darles la bienvenida a mi vida, agradecerles. Así ya no habrá nada que perdonar.

Pedir perdón

Pedir perdón es otra de las necesidades que experimenta la gente cuando está llegando al final. Quizás de ahí viene el sacramento de la extremaunción, tan importante para la religión católica, cuyo objetivo es aportar paz para el viaje hasta la otra vida, y que incluye la confesión y el perdón de los pecados que la persona siente haber cometido.

Muy relevante ha demostrado ser esta necesidad desde el principio de los tiempos para que se haya creado un sacramento específico para esto.

Y es que saber que hemos actuado de forma no acorde a nuestros valores, o que hemos dañado a alguien, es también una losa que pesa en nuestro corazón. Suele ocurrir que esta losa solo la llevamos nosotros, y la otra persona ni siquiera es consciente del dolor que esto nos provoca.

Pidiendo perdón estás diciendo a la otra persona, a la que has herido, que ojalá no hubieras hecho lo que hiciste, que tú también lo sientes, y lo sufres. Y el sufrimiento de ambas al final pone a las personas en un nivel similar, las acerca en vez de alejarlas.

Y diciendo "lo siento", sin esperar a estar cerca del final, también hace que seamos más libres, y que nuestro paso por la vida sea más ligero. Dejamos el ego atrás para bajar la cabeza y decir que lo que hemos hecho ha podido provocar daño a alguien.

"Tú sí eres mi hijo"

"Si yo pudiera volver atrás y cambiar un solo día de mi vida, sería el día en que me enfadé con mi hijo Daniel por su aspecto. Tengo cuatro hijos, y ninguno ha salido como yo esperaba. Pero ahora que los veo ya mayores, todos son felices a su manera, aunque ninguno lo es de la forma en que a mí me hubiera gustado. Me ha costado mucho aceptar esto, aceptar que los niños no eran de mi propiedad. Solo ahora, cuando me voy volviendo más mayor, consigo verlo desde cierta distancia.

Daniel es mi hijo pequeño. Es trabajador social, un chaval responsable que hace su trabajo. Siempre está estudiando, y los estudios siempre se los ha pagado él solo. Desde bien jovencito ya trabajaba los fines de semana en restauración para poder hacerlo.

Yo soy un hombre clásico y me gusta la gente normal. Y me hubiera gustado que mis hijos fueran también normales, como yo lo veía. Me gustaban los chavales serios, bien vestidos, sin pendientes y con el pelo corto. Incluso ahora me gustan así, no lo voy a negar.

Y Daniel apareció un día con unas rastas horrorosas. Parecía el actor secundario Bob, el de los Simpsons. Tenía la cabeza enorme, desproporcionada. Hasta ese momento había ido habiendo cambios pequeños, no solo en él, sino en todos mis hijos que salieron todos algo hippies. Que si un pendiente, que si un piercing, que si esos horribles pantalones anchos.

Pero el día de las rastas me enfadé muchísimo y le dije a Daniel cosas horribles, cosas que ahora, con el tiempo, me duelen en el alma. Le dije que me avergonzaba de él y que a partir de ese momento no era mi hijo.

Daniel se enfadó muchísimo y dejó de hablarme durante meses. Yo no entendía por qué se enfadaba, si era yo quien tenía que estar enfadado. O sea, aparece por casa con estas pintas ¿y encima el ofendido era él?

Con el tiempo me duele haberle dicho lo que le dije, pero lo que es más doloroso para mí es lo que pasó después. Daniel y yo nunca hemos vuelto a tener la relación que teníamos, eso marcó un antes y un después. Desde entonces, y aunque aquello pasó hace ya años, simplemente mantenemos una relación respetuosa el uno con el otro. Nada más.

Si pudiera volver atrás cambiaría ese día y no diría nada. A mi edad, en estos momento de mi vida, daría lo que fuera por sentirlo más cerca, por conocerle mejor, que me contase muchas más cosas de las que me cuenta.

No, no sé pedirle perdón, y aunque lo hiciera creo que eso no cambiaría nada. No sé, quizás un día de estos".

Julián, 72 años.

EL APEGO

"Sí, hermanos, demos gracias a Dios por habernos dado el regalo de la muerte para que la vida tenga un sentido; la noche, para que el día tenga un sentido; el silencio, para que la palabra tenga un sentido; la enfermedad, para que la salud tenga un sentido; la guerra, para que la paz tenga un sentido. Agradezcamos que nos haya dado el cansancio y las penas, para que el descanso y las alegrías tengan un sentido. Démosle gracias, Su sabiduría es infinita."

Amin Maalouf (León el Africano)

En mi adolescencia no quería que nadie me tocara mis cosas. Atesoraba los juguetes, los peluches, mis libretas como tesoros. El pasatiempo favorito de mi hermana y de mis primos pequeños era jugar con mis peluches sin que yo me diera cuenta. Se escondían para hacerlo. Como todo, es un tema de contrastes; experimentar durante un tiempo el apego más profundo me ha permitido con el tiempo viajar al otro lado, al del desapego.

Después de la adolescencia empezó mi periplo de mudanzas. Durante mi época universitaria estuve viviendo en tres pisos distintos, luego fui a vivir con mi pareja y, al cabo de unos años, lo dejé todo para irme a vivir a Londres únicamente con lo que cupo en una maleta. Después pase por Madrid, donde estuve en varias casas, para volver a Mallorca hace unos años.

Todas esas mudanzas, ese empezar de cero una y otra vez, me permitió experimentar el otro lado. El lado de no tengo nada, no me puedo llevar nada, y me di cuenta de que, sin embargo, no importaba. Todo lo contrario, el no tener nada, el haberlo dejado todo atrás, me hacía sentir libre.

Luego, con mis hijos, llegó el desapego de lo material, de los objetos. Sus manos curiosas y traviesas han llegado a casi todas las cosas que me quedaban. Ya no tengo rotuladores que escriban, ni tampoco fiambreras con tapa. Los peluches que en la infancia salvé con grandes esfuerzos de las garras despiadadas de mi hermana y de mis primos, un caniche blanco y el gorila Monkey Monkey, andan arrastrando las tripas por casa de mis padres de la mano de mis hijos, mientras mis primos (que ya pasan de los 30) me recriminan que por qué mis hijos sí pueden jugar con Monkey Monkey y ellos no.

Mis hijos han acabado con todos mis últimos sentimientos de apego.

Creo que puedo viajar a cualquier parte del mundo con las tres ollas que me regaló mi abuela, no tanto por su valor material, sino porque con ellas la siento cerca. Todo lo demás es sustituible. No me importan las joyas que he tenido, ni las sábanas, ni los electrodomésticos, ni nada más que eso. Incluso sin las ollas podría vivir sin se pusiera la cosa mala.

Cuando observo a mi alrededor me doy cuenta de cuánto sufrimiento causa el apego. Especialmente en los casos de divorcios y de herencias en los que el apego a las cosas materiales, a las casas, a las tierras, a los objetos, hacen que las personas pierdan de vista quiénes son en realidad.

Vierten el dolor que sienten por las pérdidas y sus inseguridades. En las herencias, muchos se juegan en las posesiones el amor que sus padres les negaron en la infancia, sintiendo que, si se se quedan eso, el vacío interior que sienten desaparecerá para siempre. Después se quedan las familias rotas, arrastrando cada uno su propio vacío.

Se juegan su identidad en las posesiones que sienten que deben tener. Estas personas se valoran por lo que tienen o por lo que ganan. El apego nos lleva a creer que, sin eso, no seremos felices, o incluso que simplemente no "seremos" nada.

Me gusta experimentar el desapego; me lleva a la libertad, me lleva a saber qué soy yo, con o sin posesiones, me lleva a la flexibilidad para tomar las decisiones que quiero en cualquier momento. Yo vengo de una larga estirpe de campesinos en las que las discusiones por las tierras y terrenos han estado siempre a la orden del día. Y, mirándolo desde lejos, veo a aquellos que ahora yacen bajo tierra y que se disputaron las tierras. Ninguno se las llevó a la tumba. Pero sí perdieron mucho tiempo de su vida litigando y viviendo disgustados, en vez de observar más puestas de sol y disfrutar de ese precioso tiempo que ya no les queda.

Los apegos nos limitan a la hora de tomar decisiones. Si estás apegado a una posesión jamás podrás abrir los ojos para ver cosas mejores. O simplemente para ver. Descubrir la importancia que tiene o no tiene eso en tu vida.

Un querido amigo con un trabajo en el que ve disputas de herencias y divorcios constantemente, me contaba cómo personas de avanzada edad tenían terribles peleas por tierras y casas, dándole no tanta importancia a quedarse finalmente con la herencia, sino a que esta no recayera en manos del otro. Los objetos terminan nublando todo lo demás, el amor que le tuviste a tu hermano, las veces que fuiste a su cama porque tenías miedo, o las veces que lloraste en su hombro un desamor o un castigo. Y lo mismo entre divorciados, pues lo que hubo en el momento en que se enamoraron, fue todo magia.

También experimentamos apego con las parejas o los amigos. Cuando estamos apegados a la pareja, cuando necesitamos saber que está ahí, cuando consideramos a esa persona como "nuestra", también perdemos perspectiva. El apego a la pareja es la semilla que hace que crezcan los celos, la que hace que creamos que una persona nos pertenece, cuando nadie es propiedad de nadie. Ni siquiera nuestros hijos nos pertenecen.

Yo trabajé muchos años en una gran empresa y podía ver el apego brillar en muchos lados. Veía a señores trajeados peleando por tener un parking, o por un despacho, o por un proyecto de trabajo, o por un puesto... cosas que al final de la vida no tendrán ninguna importancia. Pelean por estas cosas como han peleado siempre los humanos por los territorios.

Cuando yo muera, ni las ollas de mi abuela podré llevarme. Lo único que quedará de mí vivirá en el recuerdo de mis hijos y de mis nietos si tengo suerte. De las ollas lo que quedará será el sabor de sus guisos, el darles a probar con la cuchara de madera, el haber cocinado conmigo. Quedarán las experiencias que tuvimos con las ollas. Nada más. Lo que permanece de nosotros no es cuestión de posesiones, sino solo del tiempo pasado juntos.

El diamante

El sannyasi había llegado a las afueras de la aldea y acampó bajo un árbol para pasar la noche. De pronto llegó corriendo hasta él un habitante de la aldea y le dijo: "¡La piedra! ¡Dame la piedra preciosa!" "¿Qué piedra?", preguntó el sannyasi. "La otra noche se me apareció en sueños el Señor Shiva -dijo el aldeano- y me aseguró que si venía al anochecer a las afueras de la aldea, encontraría a un sannyasi que me daría una piedra preciosa que me haría rico para siempre". El sannyasi rebuscó en su bolsa y extrajo una piedra. "Probablemente se refería a esta -dijo mientras entregaba la piedra al aldeano. La encontré en un sendero del bosque hace unos seis días. Por supuesto que puedes quedarte con ella." El hombre se quedó mirando la piedra con asombro. ¡Era un diamante! Tal vez el mayor diamante del mundo, pues era tan grande como la mano de un hombre. Tomó el diamante y se marchó. Pasó la noche dando vueltas en la cama, totalmente incapaz de dormir. Al día siguiente, al amanecer, fue a despertar al sannyasi y le dijo: "Dame la riqueza que te permite desprenderte con tanta facilidad de este diamante".

Anthony de Mello.

EL TIEMPO QUE DESPERDICIÉ EN COSAS
que no importaban

"Mamá sabía ser alegre. Mamá sabía ser temerosa. Mamá sabía olvidar fácilmente. Y sin embargo, tenía buena memoria. Mamá me daba con la puerta en la narices, y sin embargo, me admitía en su baño. A veces mamá se me perdía, pero su instinto me encontraba. Cuando yo rompía vidrios, mamá ponía la masilla. A veces se instalaba en el error, aunque a su alrededor hubiera sillas suficientes. Aun cuando se encerraba en sí misma, para mí siempre estaba abierta. Temía las corrientes de aire y sin embargo no paraba de levantar el viento. Gastaba, y no le gustaba pagar impuestos. Yo era el revés de su medalla. Cuando mamá jugaba corazones ganaba siempre. "

Günter Grass (El tambor de hojalata)

Según Ric Elias, esta fue una de sus lamentaciones. El tiempo que había desperdiciado en las cosas que no importaban. A veces, cuando hago coaching en grupo, pongo en práctica una dinámica que me enseñó mi amigo Jordi Llonch. Hago que las personas apunten en papelitos independientes 5 cosas que quieran en su vida, que sean importantes, las tengan o no las tengan ya. Pueden ser materiales, como un coche o un viaje, o su familia, o su trabajo. Lo que sea que quieran apuntar teniendo en cuenta que es un juego, y les hago imaginar que lo que han anotado será algo que tendrán, que en el juego se les asegura, y que podrán vivir su vida con ello.

Después les hago imaginar que vamos en un avión y que, como a Ric Elias, se estropean los motores y aparece un genio. El genio les dice que se salvan si entregan uno de los papelitos, teniendo en cuenta que salvarán la vida pero que, a partir de ese momento, tendrán que renunciar a lo que han escrito en ese papel. Continuamos el viaje y nos encontramos con unos caníbales que nos meten en su olla, y para salvarse también tienen que romper otro papelito. Y así sucesivamente hasta que al final todos se quedan con uno.

La sorpresa, al final, es que lo primero que rompieron es a lo que normalmente más tiempo dedican, el trabajo, el dinero, o lujos que se convierten en superfluos cuando tienes que elegir en un momento decisivo. La gente se queda con la familia, o con dedicarse a su pasión, o una afición. Si tienen hijos, este suele ser el papel con que se quedan en la mano. Es la parte de su vida más preciada.

Pero no somos conscientes de ello e invertimos minutos, días, meses y años de nuestro precioso tiempo en cosas que realmente no importan.

c a p í t u l o   t r e s

UNA VIDA FIEL A UNO MISMO

"Yo gané un concurso de boleros", decía, mientras cantaba en la cocina Noche de Ronda. Y, de pronto, interrumpía la canción y se quedaba pensativa, como si estuviera imaginando esa otra posible vida que siempre se pierde por vivir la propia.

Elvira Lindo (Lo que me queda por vivir)

Según Bronnie Ware, esta es otra de las cosas de las que se arrepienten las personas al final de sus días, no vivir la vida fiel a uno mismo, no vivir la vida que queremos sino la que los demás esperan de nosotros, la que los demás han dibujado o trazado de algún modo.

Todos nacemos dentro de una familia, dentro de una sociedad, dentro de un pueblo, dentro de un país. Nacemos en el seno de una cultura determinada, distinta en algunos países, y en cada uno de nosotros confluyen a su vez diversos matices. Matices de la propia existencia, de religión, del país, matices heredados de nuestra propia familia, matices de creencias, de valores, matices sobre la forma de ver la vida, sobre la forma de diseñar el futuro. Matices que dependen de si somos el hermano mayor, el pequeño o el del medio. Matices de los factores económicos que ha vivido nuestra familia y de los que estamos viviendo nosotros.

Matices referentes a los cuentos de nuestra infancia, a las películas que vemos, a los noticieros, a lo que nos dicen los amigos, a cómo nos ven, a lo que está de moda, a lo que nosotros percibimos que somos, a lo que los demás nos transmiten que ven en nosotros.

Matices de nuestra herencia emocional, pero quizás también de nuestra herencia material, esa que nuestros padres esperan que cuidemos. O quizás de nuestro deber, del deber que sentimos de cuidar de los nuestros y que hace que pensemos que no somos libres.

Y, en ocasiones, el pensar que no somos libres, el no creernos libres, es lo que nos mantiene anclados a una vida que no es la nuestra, que no es la que nos dicta nuestro corazón, nuestra alma.

Disfrutar del regalo que nos ofrece la vida pasa por vivir una vida fiel a nosotros mismos. Por andar nuestro propio camino, el que realmente queremos, sea o no sea el que la sociedad quiere de nosotros.

A veces esto entraña sus dificultades, porque elegir nuestro camino con toda probabilidad pasará por tener que superar algunas barreras sociales. Vivir una vida fiel a uno mismo no es fácil, requiere mucho esfuerzo, pero vivir la vida que otros han decidido que vivamos implica mucha frustración y resignación.

DONDE MANDA PATRÓN,
no manda marinero

"Era, por lo demás, uno de esos hombres que prefieren asistir a su propia vida y consideran improcedente cualquier aspiración a vivirla."

Alessandro Baricco (Seda)

Si algo me ha enseñado la vida es que donde manda el corazón, no manda la cabeza. Ya lo dice el refrán: *Donde manda patrón, no manda marinero.* Por mucho que el cerebro racional indique que todo está bien, el cerebro emocional, que está conectado con la más pura esencia del ser humano, envía señales de que hay algo que está fallando. Es como un barco dirigido por un marinero que sigue las enseñanzas que ha aprendido para llevarlo a buen puerto. Pero el patrón es quien realmente sabe dónde hay que ir. Cuando falla la comunicación entre patrón y marinero, el barco no fluye por las aguas de la vida, no es un barco feliz. Desde fuera está claro que es un barco, pero por dentro se siente la tensión provocada por la incertidumbre de tomar un rumbo u otro. Y va cambiando de dirección una y otra vez, haciendo que el camino sea aún más difícil.

Por mucho que tú razones que tu vida es como querías, que la pareja con la que estás es la que te conviene, que tu puesto de trabajo es perfecto, que estás en el sitio adecuado en el momento adecuado... cuando el corazón se rebela, cuando empieza a dar señales de que hay algo que no está bien, ya no hay nada que hacer.

Me resulta fácil verlo desde fuera, y más con la experiencia de los años, de las centenas de clientes con los que he tenido el inmenso placer de trabajar. Pero incluso así a veces se me escapa alguna llamada del patrón y sigo conduciendo mi vida como un marinero. El tiempo me ha enseñado a detectarlo, pero de vez en cuando aún me llevo sorpresas inesperadas. Cada persona lo siente de forma diferente, unos sienten una bola en la garganta, otros un nudo en el estómago, otros quizás un peso en la tripa.

En mi caso, hay un sueño que se repite constantemente cuando estoy viviendo una versión de la vida que no me gusta, y es que soy capaz de volar. Ahora, después de toda la experiencia acumulada, sé que cuando tengo este sueño es una señal para que me plantee qué nuevo lugar de mi vida quiero explorar.

Pero normalmente las personas no pasan tanto tiempo mirando dentro de sí como yo, que me he estado formando de forma contínua en desarrollo personal y psicología durante la última década. Muchos de mis clientes llegan desconcertados, debatiéndose entre el marinero, que les dice que la vida que tienen está bien, y el patrón, que se siente triste, o atrapado, o defraudado, o dice que le falta el aire. Hay tantas formas de expresarlo como personas existen en el mundo.

Tienen la pareja perfecta, el mejor progenitor para sus hijos o el trabajo ideal, cargos de responsabilidad, quizás viajan por todo el mundo, o tienen a los padres perfectos, o los hijos perfectos. Sin embargo, miran a su alrededor y se preguntan: "Si todo está bien, si soy incapaz de ver qué es lo que está mal, si todo está en el lugar correcto, ¿por qué me siento así?". Recurren al cerebro en búsqueda de respuestas porque esto es lo que nos han enseñado. "Piensa, piensa con la cabeza, reflexiona, las emociones no sirven, haz una lista de los aspectos beneficiosos". Pero la mente racional solo tiene un pequeño porcentaje de las respuestas y de la explicación de nuestro comportamiento. Los expertos suelen indicar que tan solo entre un 5 y un 7%.

Por eso, cuando sentimos la señal de alarma, cuando sentimos que el patrón susurra, o gimotea, o incluso grita, es la hora de hacernos todas las preguntas necesarias. Es la hora de abrir los ojos y de escuchar en silencio para poder conectarnos con esa llamada de la tierra, del alma, del cielo, de dondequiera que venga, que hará que el patrón y el marinero naveguen en la misma dirección.

¿QUÉ HARÍAS SI FUERAS
la última persona del mundo?

*"Ya lo dijo Teccam: no hay hombre valiente
que nunca haya caminado cien kilómetros. Si
quieres saber quién eres, camina hasta que no
haya nadie que sepa tu nombre. Viajar nos pone
en nuestro sitio, nos enseña más que ningún
maestro, es amargo como una medicina, cruel
como un espejo. Un largo tramo de camino te
enseñará más sobre ti mismo que cien años de
silenciosa introspección."*

Patrick Rothfuss (El temor de un hombre sabio)

¿Qué harías si a nadie le importase lo que realmente quieres hacer? ¿Si nadie te fuera a juzgar? ¿Si no tuvieras miedo del futuro? ¿Si no tuvieras responsabilidades? ¿Si escucharas realmente al corazón? ¿Si fueras millonario y tuvieras todo el dinero del mundo?

¿Quizás dejar tu trabajo? ¿Dedicarte a otra cosa? ¿O dejar a tu pareja? ¿O dejar tu país? ¿Dejarías tu ciudad? ¿Cambiarías de casa? ¿O preferirías escribir un libro? ¿O dedicarte más al arte? ¿Sembrar calabacines? No sé. ¿Cuál es tu respuesta?

Pregúntale al patrón, cierra los ojos y conéctate contigo mismo, con tu verdadero yo, con tus más íntimos deseos, con tus sueños más profundos.

Ahí es donde encontrarás la respuesta a tus más profundos anhelos. Y, cuando la tengas, sentirás que era evidente, que era eso, que nunca te habías dado cuenta pero que sin embargo estaba ahí. Y no te engañes, las responsabilidades son una elección. Si estás aquí, si no te mueves, no es porque no te queda más remedio.

Nada te impide levantarte y marcharte. Nadie te impide dejarlo todo, cualquier cosa que estés haciendo. No te excuses detrás de tus hijos porque ellos no te han pedido el sacrificio que estás haciendo. Eres tú quien ha decidido quedarse y hacer lo "que tienes que hacer". Pero piensa también que, a veces, el mejor ejemplo para tus hijos es buscar tu propia felicidad porque, en caso contrario, solo les estás enseñando lo mismo que tú aprendiste: que la vida es un sacrificio constante, que es una camino de pena y de sufrimiento y que no es posible tener una vida mejor.

Aprendiendo a soñar

Mis hijos me han hecho más libre para tomar decisiones porque sé que mi deber es enseñarles cómo actúan las personas libres. Porque igual que antes encontrabas algunos padres que querían que sus hijos fueran abogados, porque ellos habían querido serlo y no tuvieron coraje o no pudieron, ahora nos encontramos con padres que quieren que sus hijos sean lo que realmente quieren, porque ellos no fueron capaces.

Y esos padres se encuentran desorientados ante las muchas veces desgana de sus hijos. No entienden por qué, ellos que tienen la oportunidad, no hacen nada, no eligen, no estudian y, en vez de eso, están sentados en el sofá. Yo trabajo con adolescentes en un proyecto que se llama VadeVida. Tenemos un programa especial para ellos que se llama "Somiatruites", que dura aproximadamente una semana.

Lo primero que les enseñamos es algo que no saben hacer, aunque parezca mentira: soñar. Soñar requiere su propia metodología. Soñar no consiste en ver los caminos que tenemos delante y decidir cuál elegimos. Soñar consiste en imaginar un lugar al que ir, y luego buscar el camino. Porque si solo vemos los caminos que tenemos delante los destinos son muy limitados. Si un chaval solo ve que tiene por delante la universidad, y que allí puede elegir entre abogado, médico o ingeniero, se perderá muchísimas más cosas.

Otra condición de soñar es que no hace falta que el lugar exista para imaginarlo. Yo siempre uso como metáfora la comida. No hace falta imaginar que quieres comer paella, si no que, para empezar a soñar, a veces uno tiene que empezar por los ingredientes. Quizás podemos pensar que nos apetece una comida que tenga gambas y champiñones. Esto ya no nos lleva solo a la paella, sino a muchísimos otros lugares: un plato de pasta, un crepe, unas gambas al ajillo con champiñones, o unos noodles; esto solo para empezar. Y, a partir de ahí, uno ya puede empezar a concretar y a buscar caminos.

Cuando trabajo con jóvenes me encuentro con que los sueños no son concretos. Unos buscan dejar un legado, otros quieren viajar, y otros quieren vivir en japón. Sí saben lo que quieren, quieren gambas, pero la sociedad actual solo les ofrece paella.

Cuando vamos madurando seguimos soñando igual, viendo los caminos que tenemos delante. A no ser que tengas suerte y aprendas a soñar, o quieras ir más allá, la gran mayoría de personas con las que me encuentro solo son capaces de ver lo que hay desde su punto de partida.

Por ejemplo, cuando un joven quiere saber qué salida profesional va a escoger, lo primero que hace es leer una lista de las carreras universitarias que existen y, a partir de ahí, elige. Podría quedarse con la de abogado, porque le gusta luchar por situaciones justas. Pero lo hace a partir de una lista en vez de buscar dentro de su corazón. Ese joven no se ha preguntado qué ingredientes quiere que tenga su vida. Quizás si le preguntamos descubrimos que, además de eso, quiere viajar, odia los trajes, odia la burocracia y le encanta el campo. A partir de ahí hay múltiples salidas profesionales que puede elegir, exactamente igual de dignas que ser abogado, que probablemente le proporcionarán una vida más acorde a sus ingredientes: sus valores, sus necesidades y sus deseos. De no saber soñar salen los profesionales que aseguran que se equivocaron en lo que eligieron.

Otro ejemplo, yo siempre quería ser rica. Ahora no es que no quiera, por supuesto que sigo queriendo, pero ya no lo necesito porque un día me plantee qué haría si yo fuera rica y descubrí que lo que haría se parecía mucho a la vida que tengo ya. Seguiría trabajando, me encanta lo que hago, escribiría libros, no tendría horario, me iría a hacer deporte por las mañanas, iría con mis hijos al parque por la tarde, además de algunas otras cosas como regalar muchas cosas a la gente que quiero o viajar mucho. Casi todas las cosas que haría si tuviera mucho dinero las estoy haciendo ya mismo. Mi sueño de ser rica tenía unos ingredientes. Si cojo solo los ingredientes y me olvido del concepto, ya tengo todo lo que quiero.

EL CAMINO
del héroe

*"En la cueva donde temes entrar
está el tesoro que buscas"*

Joseph Campbell

Todos nosotros, muy en el fondo, sabemos dónde está nuestro camino. O mejor dicho, sabemos dónde NO está.

Lo que ocurre es que a veces lo enterramos bajo la razón. O no estamos atentos a las señales que nos ofrece la vida una y otra vez. Si no prestamos atención, entonces elegimos los caminos menos convenientes.

Joseph Campbell fue un escritor y profesor americano conocido por sus estudios sobre mitología. Fascinado por la historia, encontró un patrón común en relatos procedentes de todo el mundo que él denominó "El camino del héroe" y que publicó en su conocido libro *El héroe de las mil caras*. Esta obra se hizo más famosa aún cuando el director de cine George Lucas reconoció haber utilizado al pie de la letra las etapas de desarrollo del héroe para el argumento de su *Guerra de las Galaxias*, en el que toca resortes muy profundos y ancestrales del alma humana.

Todos en nuestra vida tenemos que pasar por diferentes estadios y etapas que son como pruebas que tenemos que superar y desafíos para seguir creciendo. Este proceso de crecimiento se da en la vida real aunque a veces no nos demos cuenta, y esto se ha aprovechado muchas veces en el mundo de la ficción como es el caso del cine, o de la denominada *Bildungsroman* o novela de aprendizaje, todo un género literario en sí mismo, especialmente cultivado en Alemania durante el romanticismo, que muestra la evolución de un personaje durante su transición de la niñez a la vida adulta.

Campbell divide el camino del héroe en 12 etapas en las que van apareciendo diferentes pruebas. Empieza con el héroe en su vida ordinaria en la que de repente surge la llamada a la aventura por los motivos que sean. Normalmente pasa por un momento de duda ante lo que le espera. Entre tanto, va consiguiendo aliados, pasa pruebas de valor, recibe recompensas y va creciendo como persona. Es muy importante también, y esto vale para nuestras propias vidas, saber que en algún momento sufrirá crisis en las que incluso su vida estará en peligro, y no es raro el caso en el que el héroe debe bajar literalmente al infierno para cumplir su misión o buscar a su amada. Sin embargo, este trance ante la muerte se salda finalmente con una resurrección de la que sale fortalecido y llega a lo que debía llegar a ser. El último paso es cuando el héroe retorna a su casa con el elixir, el tesoro, el amor, la sabiduría o lo que sea que fuera que le llevó a iniciar su camino.

El camino del héroe tiene mucho que ver con ir en la busca de una vida fiel a uno mismo porque, si buscamos una vida mejor, siempre tendremos que dejar nuestra casa y nuestra rutina para conseguirla. Y también tendremos que estar dispuestos a pagar el precio.

La llamada a la aventura es ese escozor que sentimos en algún lugar cuando sabemos perfectamente que esa no es la vida con la que soñábamos, o la que nos merecemos. Y cuando nos planteamos dejar nuestra rutina sentimos rechazo hacia lo que en el fondo sabemos que tenemos que hacer. Muchos se quedan en esas tres etapas para siempre, en su vida normal, que no es la suya de verdad, que es la que están viviendo en vez de vivir la que les toca, sintiendo la llamada una y otra vez y rechazándola para volver a empezar en el mundo ordinario.

¿Y por qué hay personas que la rechazan? Porque saben que tendrán que pagar un alto precio, el precio de dar el paso, y que en el camino encontrarán pruebas, aliados y enemigos, que habrá batallas que luchar, y que probablemente la última será la más difícil porque llegas exhausto. Pero si el héroe no se rinde, si el héroe permanece, al final tendrá su tesoro.

Hace poco me encontré con una mamá en un parque, mis hijos y los suyos empezaron a jugar juntos y, en ese tiempo, empezamos a hablar. Le comenté que era coach, que había dejado la informática hacía unos años y que, aunque el camino había sido duro, ahora me sentía feliz. Ella tenía 35 años, decía que se había equivocado en su profesión, que lo que estaba haciendo no era lo que ella deseaba pero que ahora ya era tarde. A los 35 años había decidido que ya era tarde para empezar otra vez, y prefería quedarse en su vida ordinaria para siempre. Se me encogió el corazón de pena. Teniendo en cuenta la esperanza de vida actual, que sobrepasa ya los 80 años, y que probablemente en un tiempo no sea tan fácil jubilarnos como ahora, le quedan mínimo 35 años más de vida laboral; los únicos 35 años que le quedan y habrá vivido gran parte de su vida haciendo una cosa que no le gusta. Y a la hora de su muerte seguirá lamentando algo que ya lamentaba cuando tenía 35 años. No vivir la vida que ella realmente desea.

En busca de oportunidades

Hace ya muchos años, estando en Cuba mientras compartía comida, bebida y risas con mis amigos, llegó uno de ellos anunciando que un tal José al final había podido reunir a toda su familia en Miami.

Todos los que estaban allí se alegraron un montón. Empezaron a abrazarse y a brindar en honor a José y su familia, y entonces me contaron la historia.

José era un amigo suyo, de toda la vida, de su pueblo, con el que habían compartido muchas cosas. Pero José sentía, como muchos, que en Cuba pasaba mucha miseria, y que no quería seguir así. Él quería más, un futuro mejor para su familia.

En aquellos dias, alla por los principios del milenio, en Cuba las oportunidades laborales eran escasas, y para salir de la isla legalmente necesitabas un contrato laboral en el extranjero o un matrimonio. También estaba la opción de la balsa para recorrer las 90 millas (170 kilómetros) que separan Cuba de Miami. En esa época, e incluso ahora en 2016, se aplicaba la ley de ajuste cubano en EEUU por la que si un cubano consigue llegar a tierra norteamericana tiene derecho a una serie de ayudas para que pueda establecerse mientras encuentra trabajo.

Pero decirle a alguien que tu intención es salir de Cuba podía ser peligroso por aquel entonces. Había mucha gente que era informante del gobierno cubano y nunca sabías de quién podías fiarte y de quién no.

José sentía que necesitaba salir de allí, pero subirse en una precaria balsa construida por cubanos era muy peligroso, y para pagar una lancha decente se necesitaba mucho dinero. Él no hizo ni una cosa ni otra. Consiguió dinero suficiente para pagar una lancha que le acercara a la costa de Florida, pero el resto del trayecto tendría que hacerlo a nado. Tampoco tenía dinero suficiente para su familia, solo para él.

Anunció a su familia en Fomento que, como muchas otras veces, iba a acercarse a Trinidad a pescar para vender el pescado y conseguir dinero para ir subsistiendo, pero sus intenciones eran otras. Esa noche se subió a una lancha que le acercó a Miami. El resto del camino tuvo que hacerlo buceando.

Cuando llegó a la costa se quitó su traje de neopreno, sus aletas y sus gafas de buceo y, con eso en la mano, fue andando descalzo hasta que encontró una comisaría de policía, en la que pudo empezar a arreglar sus papeles. Ajenas a todo lo que estaba pasando, su pareja y su hija estaban durmiendo tranquilamente en casa, sin saber el largo tiempo que les esperaba sin ver a su marido y a su padre. José, una vez que hubo arreglado los papeles, llamó a su sobrino, que ya estaba en Miami, para que lo fuera a recoger, y desde su casa llamó a un amigo porque en la casa de su familia, en Fomento, no tenían teléfono.

— Patxi, hola, soy José, por favor ves a casa de mi mujer y dile que estoy en Miami, que me dé tiempo, que volveré a buscarla.

— Sí, claro, José, en Miami estás tú.

— Que sí, que estoy en Miami.

Después de discutir un rato, al final Patxi se lo creyó y fue a avisar a su mujer. Pasarían tres años hasta que José no reuniera el dinero suficiente. Se puso a trabajar de sol a sol, de lunes a domingo, alicatando baños sin parar. Tres años si contarle un cuento por las noches a su hija, sin abrazarla, sin ver su rostro, sin escuchar sus risas. Tres años sin madrugadas en brazos de su mujer. Tres años hasta el día en que reunió el dinero que le pedían para que otra lancha fuera buscar a su familia. Una lancha segura, de esas que valen mucho dinero, de esas que llegan a la costa sin que nadie se tenga que mojar los pies. Una lancha de primera clase.

El día en que José se reunió con su familia, tres años después, yo estaba en Cuba. Y yo, que jamás había oído hablar de él, que no sabía nada de su lucha, ni de su valor, yo también compartí la emoción de saber que estaban juntos. Y lloré de alegría al pensar en ese abrazo que se dieron los tres y en que esa noche, la hija de José, después de tres años, iba a poder dormirse en los brazos de su padre.

Nunca he visto a José, pero lo tengo de amigo en Facebook. Ahora vive en Nueva York y tiene una vida con todas las comodidades. Voy viendo fotos de él y de su familia, y cada vez que aparece, aunque solo sea un solo instante, me siento un poco más valiente. José cruzó su propio camino de héroe para tener a toda su familia reunida, en una tierra que le ofrecía las oportunidades que él sabía que merecía. Pero para transitar ese camino tuvo que pagar el precio de estar tres años sin lo que más quería.

Un poco más allá

Los momentos más oscuros son siempre los que preceden al amanecer. Llega un momento en la vida de todos en que hay que jugar en los bordes y correr grandes riesgos. Llega un momento en que todo buscador sabe en el fondo de su corazón que negarse a correr el riesgo significa resignarse a una vida de mediocridad. Pero dar el salto, aunque lleve aparejado mucho miedo junto con mucho valor, te permitirá viajar a un mundo totalmente nuevo. Un mundo de potencial, felicidad y libertad. Profundiza y escucha tu voz interior. Luego confía en sus consejos. La vida se encoge o se expande en función del valor de la persona". - Anaïs Nin.

El camino del héroe de Joseph Campbell prácticamente llega a su fin con la última batalla. Por algún motivo, en la vida y en los cuentos, la última batalla siempre es la más dura.

Cuando creemos que ya no existe solución, cuando la desesperanza habita en nosotros, si estamos muy atentos, si miramos a nuestro alrededor, podremos observar que aparece siempre una luz, una fuerza que será las que nos permitirá ir un poquito más allá, y probablemente allí estará la solución que buscábamos, o incluso quizás nuestro tesoro. Aquel que está detrás de la cueva a la que tanto miedo tienes.

Estas mañanas de vacaciones en Fomento me levanto muy pronto, más pronto que el resto de gente de la casa, y me voy a andar y a correr durante una hora. El primer día escogí un camino de los que me habían propuesto y acabé en un vertedero de basura. Me había equivocado de camino, pero desde lejos no se veía el vertedero.

Preguntando me recomendaron otro camino. Al día siguiente lo pruebo. En ese camino, a la salida del pueblo, hay unas casitas aisladas y, como en todos lados, los niños y los animales campan a sus anchas, sin las restricciones del primer mundo. Sin cuerdas ni jaulas para los animales y sin paredes para los niños, lo que da también más libertad a los adultos, puesto que no tienen que estar buscando lugares para las cosas que se saben colocar solas en el mundo, como se han colocado solas desde el principio de los tiempos.

Empiezo a andar y a correr a medida que mi cuerpo me va permitiendo. Hacía mucho tiempo que no hacía ejercicio. De vez en cuando me pasa por al lado algún hombre a caballo, otros en bicicleta. Me acompaña el canto de los pájaros y las auras sobrevuelan el cielo, aprovechándose de las corrientes térmicas para no tener que mover sus alas. Las montañas, las llamadas Tetas de Juana vigilan mi camino. La paz es infinita, ya llevo unos días en silencio digital, y ese silencio me va permitiendo, cada vez mejor y a medida que van pasando los días, escuchar más clara mi propia voz, la de mi ser, la que he tenido por mucho tiempo olvidada.

Debo llevar ya una media hora de ruta, ya casi puedo ir dando la vuelta para volver, cuando de repente, ante mis pies, un fanguero cruza el camino. Las ruedas de un camión, o de un tractor, debieron quedar encalladas, es casi imposible seguir sin que el fango me llegue hasta los tobillos. Decido dar la vuelta, pero entonces siento que mi voz interior me habla. Me dice solo una frase: "Las mejores cosas están muchas veces detrás del paso más difícil". Decido seguir, a pesar del lodo. Cruzo como puedo y sigo corriendo. Después de la siguiente curva una visión sobrecogedora aparece delante de mis ojos. Es un arroyo precioso, entre pequeños valles, y un pequeño puente cruza por encima del río. Mi voz, la voz de mi ser, de la intuición, tenía razón, lo mejor estaba detrás del paso más difícil.

Es tan bonito que decido sentarme un rato a escuchar el ruido del agua, a sentir la brisa, a sentir mi respiración y la sensación de mi cuerpo cansado. Pienso que así es la vida, como mis caminatas matutinas.

A veces, el camino que creíamos más bonito, más apropiado, nos lleva a un vertedero. Pero no lo sabremos ni podremos rectificar a menos que probemos esa ruta. A veces, los triunfos más importantes, las cosas más bellas, las emociones más grandes, están detrás del paso más difícil. Ese paso que ya te pilla cansado, en el que ya crees que basta, que hay que dar la vuelta, que no hace falta seguir. A veces, con un pequeño esfuerzo más encontramos las recompensas más grandes. Y lo mejor que puedes hacer mientras tanto es disfrutar del camino, y aprender todo lo que te va mostrando.

Vivir sin miedo

Yo siempre he encontrado mis mayores tesoros en la cueva en la que temía entrar. En mi vida esa frase se aplica a la perfección porque siempre he he tenido que ir un poquito más allá del miedo. Pero antes de hacerlo he tenido que pensármelo durante mucho, mucho, mucho tiempo. Cuánto más miedo me ha dado, más tiempo he tenido que pensármelo. Ante la puerta de algunas cuevas, ante la barrera del miedo, me he quedado paralizada años antes de entrar.

Cuando al fin he podido salir de esa parálisis y atravesar la puerta de la cueva, la cortina del miedo, siempre me he sorprendido de lo que ha pasado. Detrás de ese miedo siempre ha ha habido un mundo mucho más parecido al que yo soñaba. Durante un tiempo quizás se tambaleó un poco mi suelo, no sentí que fuese firme, pero la luz era más brillante, mis pulmones tenían más capacidad y mi corazón latía más fuerte.

Tenemos miedos de dos tipos, los que nos protegen de verdad, de cruzar una autopista en plena hora punta, por ejemplo, y luego están los otros, los que nos impiden salir de nuestra zona de confort, de perder lo que tenemos, de ir un poco más allá, de hacer las cosas que no solemos hacer habitualmente, de que nos vean demasiado.

Cientos de miedos que nos mantienen detrás de la barrera. Cientos de miedos que nos impiden llegar al lugar que clama nuestra alma. Porque el alma es quien decide lo que quiere hacer, pero si el miedo no lo permite, entonces no tienes nada puesto que la vida se construye con lo que haces.

Pensamos que, por quedarnos sin hacer nada, no estamos arriesgando, no estamos pagando el precio del camino, que no hacer nada nos sale gratis. Pero es mentira, por no hacer nada también estamos pagando un precio. Y es el de la frustración. La frustración de la mamá del parque, que se levanta todos los días pensando que se equivocó, que ya es demasiado tarde, y que probablemente se levantará pensando eso los 12.775 días que le quedan de vida laboral. Muchos, como ella, piensan que están seguros así, pero no moverse es como permanecer en una barca a la deriva. Parece que no se mueve, pero las mareas hacen que se tambalee y que cambie de lugar. ¿Y cómo se siente un marinero a la deriva?

Vivir siempre tiene un precio, hagámos lo que hagamos. Nos movamos o no nos movamos, superemos los miedos o vivamos con ellos. Cuando los afrontamos pagamos el precio de trabajar duro, de caernos, de tener que levantarnos otra vez con las rodillas magulladas, de equivocarnos, de tener que corregir el camino. Al no afrontarlos pagamos el precio de la frustración, y de saber que estamos perdiéndonos nuestra vida de verdad mientras estamos viviendo una vida que no es la nuestra.

Y cuando el miedo acecha tendemos a frenar y a ponernos la venda en los ojos. Entonces pensamos que ya es demasiado tarde, que ya no podemos cambiar, y dejamos que los 12.775 días de nuestro pasado decidan los 12.775 días de nuestro futuro. Como la chica del parque, que continúa su camino sin darse cuenta de que no importa lo que haya vivido. Que solo ella es la que decide su futuro, y que en cualquier momento va a poder redefinirlo a su propia conveniencia.

El pecado de dejar escapar el beso de su vida

"Si yo pudiera volver atrás, si solo tuviera un día, un día solo, volvería al momento en que que mi primer novio, Paco, me cogió la mano. Yo tenía 13 años y él 14 y había venido a mi pueblo a pasar una temporada con un familiar suyo. Era moreno, muy guapo, y tenía unos ojos verdes que tiraban de espaldas.

Nos estuvimos mirando durante semanas, o quizás meses, en los bailes y actividades que organizaba el cura. También le sorprendía a veces mirándome escondido detrás de las esquinas.

En mi pueblo el baile de "agarrao" empezaba a ponerse de moda, aunque no estaba bien visto y besarse era pecado. Más adelante ese pecado lo quitaron, pero a mí me tocó una época muy mala para eso.

Empezamos a hablar el uno con el otro, cada vez más, a escondidas, no sé cómo lo hacíamos, pero recuerdo que estaba la plaza desierta y nosotros dos hablando, sentados en un banco, y me preguntó que si quería ser su novia. Le dije que sí enseguida, no me imaginaba una vida mejor que pasarla al lado de esos ojos verdes y esas pecas que salpicaban su nariz.

Un día, yo iba en mi bicicleta por un sendero y me lo encontré caminando. Me bajé y empezamos a andar, a reírnos con esa risa tonta de enamorados. De repente me cogió la mano. Creí que el corazón se me iba a salir por la boca, creo que nunca en mi vida he estado tan nerviosa. Si pudiera volver a vivir un día de mi vida elegiría, sin duda, ese.

Era la primera vez que estábamos lejos de las miradas del pueblo; en el sendero no había nadie, estábamos muy cerca, y de repente vi cómo acercaba su boca a la mía. Me entró tanto miedo de Dios, del pecado, de mi corazón que saltaba sin parar, que di un salto hacia atrás, cogí la bicicleta y empecé a pedalear en dirección al pueblo. Creo que mis piernas nunca fueron tan rápidas.

Eran tiempos de guerra allá por el 37. Ese verano no le volví a ver más. Yo solo sabía que era de Madrid y no sabía en casa de qué familiar se alojaba; nunca pude preguntar por él. Le esperé durante años, no había mozo que me gustara, siempre los comparaba con mi Paco. Al final, me puse de novia con un joven del pueblo que acabó siendo mi marido. Lo volví a ver muchos años después, en las fiestas del pueblo, yo con mi marido y él con la que debía de ser su mujer. Nos saludamos muy educadamente, aunque mi corazón por dentro saltaba como el día de la bicicleta. En sus ojos también se veía mucho amor, así, muy "tiernecico". Lo volví a ver 4 veces más, cada 3 o 4 años, y luego ya nunca más supe de él.

Él ha sido el amor de mi vida, nunca jamás volví a sentir nada igual. Sé que las cosas hubieran pasado de la misma manera, que igual la guerra nos hubiera separado, pero si pudiera volver atrás, ese día no me pondría nerviosa y no me escaparía con la bicicleta.

Aunque fuera pecado, si ahora pudiera elegir ardería en el infierno por ese beso. He purgado ya toda mi vida por haber huido".

Amelia, 92 años.

TENGO QUE
vs. Yo decido

*"El mayor descubrimiento de cualquier genera-
ción es que un ser humano puede alterar su vida
alterando su actitud"*

William James

Creo que nuestro mejor regalo no es la vida en sí, sino la libertad de poder hacer con ella lo que queramos. Desde pequeña he oído en muchísimas ocasiones que la vida es dura, que hay que luchar, que es un camino de penurias, que nada es fácil. Pero con los años, con mi experiencia, con lo que me han aportado todos los estudios que he realizado sobre desarrollo personal (coaching, PNL, inteligencia emocional, psicología), con todas las experiencias de vida de mis clientes, sé que la vida es más o menos dura dependiendo de lo que elegimos.

También he oído muchas veces lo de "esto es lo que me ha tocado", como si al nacer formáramos parte de un sorteo de "vidas" en las que ya está todo escrito cómo tiene que ser. Pero incluso en las peores circunstancias encontramos casos de personas que, a pesar de lo que les ha "tocado", sienten que tiene la capacidad de elegir, y que no están al margen de los hechos.

Hay ejemplos de situaciones realmente terribles, como la experiencia de Viktor Frankl en el campo de concentración, en las que queda claro que la libertad es un estado interno y que siempre podemos elegir entre la libertad o la esclavitud. El Señor Frankl estuvo confinado en varios campos de concentración durante la segunda guerra mundial, y allí concluyó que al hombre se le puede arrebatar todo, salvo una cosa. La elección de la actitud personal ante un conjunto de circunstancias para decidir su propio camino. *El hombre en busca de sentido* debería ser, a mi ver, una de lectura recomendada en todas las escuelas.

Otro ejemplo que me encanta es la película "*La vida es bella*", de Roberto Benigni, en la que Guido y su hijo Giosué son llevados a un campo de concentración durante la segunda guerra mundial. Durante todo su encierro, Guido le hace creer a su pequeño que no están encerrados, sino que están allí en un concurso, y que si lo hacen muy bien van a ganar un tanque. Guido transformó, incluso en las peores situaciones, la realidad de su hijo haciendo que lo que hubiera podido ser una experiencia traumática, fuera un juego para el niño. Guido eligió la libertad, asumió la responsabilidad y creó su propia realidad. También le regaló a su hijo una infancia mágica en las peores circunstancias.

Cuando uno asume esa libertad, también asume la responsabilidad no solo de elegir sus acciones, sino también de elegir sus pensamientos y su actitud. Y aunque este es a veces un camino doloroso porque ya no "te ha tocado" nada, ahora eres tú quien elige, ante todo lo que te pase, la actitud que quieres mostrar.

CUANDO NO SABEMOS
cuál es el camino

"*Los gusanos llaman 'crisis' al nacimiento de las mariposas*"

(Anónimo)

Este libro está dedicado a mi querido amigo Yram Marrero, una de mis personas favoritas en el mundo. Cuando conocí a Yram, hace ya más una década, él era fotógrafo de familia en Cuba, pero ese era un trabajo que no le gustaba. En Cuba, cuando las chicas cumplen 15 años, se celebra de una forma muy especial. Lo llaman la fiesta de los quince y, entre otras cosas, se realiza un reportaje fotográfico donde las chicas se ponen vestidos fantásticos y se hacen fotos que parecen de revista de moda, o incluso a veces, de revistas eróticas.

Yram estaba cansado de ese trabajo, no le llenaba, no le encontraba el sentido, lo encontraba repetitivo, se aburría. No sabía qué era lo que estaba buscando, solo sabía que las fotos de la fiesta de los quince no era lo que él quería. Yram ganaba dinero, tenía una vida cómoda, no le faltaban clientes, hacía un buen trabajo y tenía una vida muy estable. Pero, a pesar de todo, sabía que no le gustaba y que no podía estar el resto de su vida haciendo lo mismo.

Como él es un gran sabio, no necesita sustos para saber que la vida es limitada. Hace tiempo decidió que tenía que encontrar su propio camino. Incluso sabiendo las dificultades que esto conllevaba puesto que de él y de su mujer, Yenellys, dependían sus dos hijos.

Decidió dejar de hacer fotografías de familia para probar otras cosas. Ni para Yram ni para Yenellys fue una decisión fácil de mantener porque los dos sabían que los apuros económicos desaparecerían en el momento en el que él volviera a hacer fotos de familia. Yram estuvo muchas veces a punto de abandonar ante los apuros económicos, ante la presión familiar y de la sociedad. Pero siempre que lo hablaba con Yenellys ella le decía que no lo hiciera, que sobrevivirían, que ella lo apoyaba, que siguiera su camino, que confiaba en él, que sabía que lo encontraría.

Mientras tanto, Yenellys seguía trabajando en una galería de arte, e Yram iba buscando otras oportunidades mientras iba en búsqueda de la luz que necesitaba. Iba pasando el tiempo e iba probando algún que otro trabajo ocasional y también salía a pescar. En Trinidad, el sitio donde ellos viven, la pesca es abundante e Yram aparecía mucha veces con pescados generosos en carne. Ellos cuentan que han comido mucho pescado durante los varios años que ha durado esto. Para comer y para cenar, casi todos los días. Casi todas las semanas, y casi todos los meses. Ellos dicen que algunos días pensaron que les iban a salir escamas de un momento a otro. Pero algo les decía que era mejor eso a renunciar a sí mismos.

Pasaron los años e Yram fue creando nuevas oportunidades y fue encontrando trabajos que le gustaban, el sentido de su vida. En estos momentos realiza producciones de documentales en Cuba. Entre ellos está *La ciudad sin tiempo*, un documental de Trinidad que me encanta porque consigue emocionar, a través de su historia, a todo el público.

Cierto es que no tiene el material óptimo para realizarlos, pero con lo que hay se las va arreglando aunque trabaje mucho más que si tuviera lo que necesita. Lo hace bajo el nombre de *Short Producciones*. El logo lo diseñó Yenellys. Ese nombre viene porque Yram siempre lleva pantalón corto (*shorts*), y en una ocasión no le dejaron entrar en la Oficina del Conservador (se encarga, entre otras cosas, de proponer y ejecutar los planes de restauración y velar por la conservación de los valores históricos de la ciudad).Todo muy de ellos, con todo el amor que siempre depositan en lo que hacen y en lo que crean.

Ahora gana bien, y sobre todo ya puede tener una dieta más variada.

Cuando le miro me siento orgullosa de él, de ser su amiga; me siento orgullosa de que me quiera como yo le quiero. Cuando miro a Yenellys siento lo mismo, orgullo de conocerla, de que sea mi amiga, de que sea la mujer de mi amigo, además de la amiga de mi marido. Me siento orgullosa de que el destino me los haya regalado, que me haya dejado disfrutar de gente tan valiente a la que no le importa perder cosas sin importancia y comer mucho pescado para ganarse la vida esencial, la de verdad. Porque ganar dinero haciendo lo que uno realmente quiere es ganarse la vida, pero ganar dinero haciendo lo que uno no quiere, lo que no sale de su corazón, aunque signifique una vida estable, es perdérsela.

Esta noche Yenellys e Yram nos han invitado a cenar. De cenar hay langosta. La langosta no tiene escamas, tiene un cascarón fuerte y duro.

Moraleja: si no quieres comer frijoles toda la vida tienes que irte a pescar, aunque llegue un momento en el que creas que te van a salir escamas. Si aguantas lo suficiente para poder llegar a la luz, luego viene la langosta.

LA ZONA DE CONFORT
vs. los escalones de la vida

"Contéstale que sí. Aunque te estés muriendo de miedo, aunque después te arrepientas, porque de todos modos te vas a arrepentir toda la vida si le contestas que no"

Gabriel García Márquez
(El amor en los tiempos del cólera)

Mucha gente con la que me voy cruzando por la vida relaciona el coaching con salir de la zona de confort y bromean al respecto. De hecho, una de las bromas más habituales es: "Para qué voy a salir yo de mi zona de confort si estoy genial aquí. Yo de aquí no me muevo".

Yo, como buena coach, devuelvo la pregunta, o sonrío y callo. Una no puede ir haciendo apología constante de sus creencias y todo el mundo tiene derecho a vivir su vida como le plazca. Eso me costó aprenderlo, pero con el tiempo es la postura en la que me siento más cómoda.

Aunque lo cierto es que para mí es una necesidad ir saliendo constantemente de mi zona de confort, superarme y alcanzar nuevas metas, sobre todo para ir viendo cada vez más cosas. La metáfora que más me gusta al respecto es la de la escalera.

Y es que cada vez que vamos superando nuevos retos en nuestra vida, consiguiendo nuevos hitos, es como si subiéramos un escalón en una escalera imaginaria. Y cada vez que subimos un escalón, como estamos más arriba, vemos más lejos, y cuando subimos el siguientes, pues aún más. Y al ver más lejos pues también tienes más opciones. Podríamos hacer otra metáfora similar pero con mapas, de tal manera que en el primer escalón tendríamos el mapa de mi pueblo, en el que veo las distintas calles y direcciones en las que puedo ir.

En el segundo escalón aparecería el mapa de la comarca, en el que veríamos además que hay otros pueblos a los que ir. No hace falta vayamos, podemos elegir, pero sabemos que están ahí. El siguiente escalón, en mi caso, podría ser el mapa de la isla de Mallorca, el cuarto, quizás el mapa de España, el sexto, el mapa de Europa, y así hasta el infinito y más allá. Hace poco más de 100 años casi nadie, o nadie, imaginaba que seríamos capaces de volar, o de pisar la luna. Ahora creemos que somos capaces de eso y de mucho más porque, como sociedad, con la contribución de todos hemos ido subiendo escalones, y nuestros mapas, y nuestras opciones, son cada vez más grandes.

Si subimos un escalón entonces nos sentimos capaces de subir otro, y otro, y otro. Si no salimos de la zona de confort, si nos quedamos siempre en el mismo escalón, vemos siempre lo mismo. También puede pasar que si subimos un escalón, lo que veamos un poquito más arriba no nos guste, o no sea lo que queríamos. Pero una vez subido ya no puedes bajar al de antes porque ya sabes más cosas, ya ves más cosas, por lo que puedes quedarte en ese que no te gusta, o seguir subiendo.

¿Cuándo hay que salir de la zona de confort? ¿Cuándo hay que subir un escalón? Esa respuesta no la tengo yo, la tienes solo tú. Si estás en un momento de tu vida en que te sientes cómodo, te gusta lo que ves desde el escalón en el que estás colocado, no sientes ninguna incomodidad en tu cuerpo por ello, sientes que tienes lo que buscas, que estás cumpliendo tu propósito... pues supongo que, en tu caso, no hay ningún motivo que te lleve a ver más lejos, a ampliar tus mapas, a buscar nuevos objetivos.

Si por el contrario sientes que esta no es la vida que esperabas, sientes incomodidades como nudos en el estómago, o bolas en la garganta, no puedes levantarte por la mañana porque te da pereza tu vida, o algo similar… lo que estás viendo desde tu escalón no te agrada, y ese no es el escalón en el que deberías quedarte. Quizás si subieras un poquito podrías ver nuevos lugares y valorar otras opciones que te permitan vivir una vida bien vivida. Permíteme recordarte otra vez que vas a morir un día de estos.

Luego, en la clasificación de mi mundo, existen otras personas, entre las que me incluyo, que cuando están en un escalón, aunque les guste lo que ven, están constantemente preguntándose: ¿y qué se verá en el siguiente escalón? Y subiendo escalones es el lugar en el que encuentran su propia felicidad. O, al menos, así ha sido mi vida hasta el momento.

Había una vez otra vida que yo tenía

Me formé en coaching en 2008. En aquel momento yo tenía un buen puesto de trabajo como consultora informática, un sueldo generoso y prestigio. Según la sociedad, había triunfado. Mucha gente me felicitaba. Pero yo no terminaba de sentir que esa felicitación iba conmigo. Ese no era mi triunfo, no era lo que mi ser quería de verdad, no era lo que yo sentía que tenía que hacer en el mundo, no sentía la llamada. Tenía que llevar siempre el móvil y a veces, fuera de mis horas laborables, me llamaba un cliente al que yo no entendía por teléfono. El señor era un gran tipo, pero por algún motivo, si no lo tenía delante, era incapaz de entender lo que decía. Solo ver su nombre en el teléfono, ya empezaba a sudar.

Podían llamarme en cualquier momento; casi nunca lo hacían, pero podían, y yo tenía que llevar el móvil siempre. Como en mi área se aplicaban los sistemas informáticos, teníamos las máquinas y los procesos programados para que enviaran información constante sobre su estado. Llegaban a mi móvil mensajes constantemente en los que las máquinas me decían si estaban bien, si habían terminado su trabajo, si estaban al 80% de su capacidad, e incluso si estaban estresadas. ¿Sabías que las bases de datos se estresan? Sí, se estresan, y en mi anterior trabajo cuando esto ocurría, me mandaban SMS.

Me encantaban los viernes porque significaba terminar con el trabajo, si tenía suerte, durante todo el fin de semana. Trabajé por cuenta ajena durante 16 años de mi vida. Durante ese tiempo siempre estaba echando de menos mi hogar. Las horas que estaba en casa no eran suficientes para poder disfrutar de mi misma. Me sentía muy triste los domingos por la tarde, cuando veía que mis horas de "libertad condicional" acababan. Los lunes por la mañana eran una agonía, y luego el martes ya me había acostumbrado.

Cuando iba a reuniones donde se trataban temas que eran trascendentales para la empresa, siempre sentí que aquello era como jugar al Monopoly. Comprar y vender casas de mentira con unas normas que no eran las mías, sino las del dueño de Monopoly. No jugaba con mi dinero, no jugaba con la verdad, me portara bien o mal yo cobraba lo mismo. Pero en las reuniones manejaba dinero de mentira, presupuestos de miles de euros de mentira, proyectos de mentira que se hacían y luego servían, o no servían. Era solo una tuerca de un entramado difícil de entender, cada vez más grande, cada vez más complicado, así me sentía trabajando en una gran empresa. Las personas se llamaban recursos, programadores, analistas... Me sabía bien las normas, y las jugaba, pero había algo en mí que estaba desconectado de la realidad, de mi ser, igual que cuando juegas al Monopoly. Yo, que siempre había sabido que dentro de mí vivía una mujer de colores, me sentía como una profesional gris.

Yo creía que aquello era la vida normal. Que aquello era la vida, la vida que había que querer. Sí, tenía un buen sueldo, un prestigio, un trabajo estable. Aquello era lo que yo creía que tenía hacer para ganarme la vida; pero sentía que la estaba perdiendo. Tenía lo que se suponía que tenía que tener, una alfombra roja. Pero los domingos al mediodía empezaba ya a estar triste porque al día siguiente tenía que trabajar. Los lunes por las mañanas sentía que la vida perfecta me estrujaba las entrañas, y tenía que obligarme a respirar profundamente para ver si conseguía hacer llegar algo de oxígeno a mi alma constreñida.

No todas las semanas lo consigo, pero sí a menudo. Incluso a veces logro pasar en casa una semana entera. Eso me hace total e inmensamente feliz.

Con el tiempo he aprendido que para mí el dinero no es lo que prima en mi vida, y que una cosa no está reñida con la otra. Que trabajar en mi casa, que hacer lo que me gusta, no está reñido con ganar un sueldo, y que una vida estable, si es infeliz, no tiene ningún sentido por muy segura que sea.

Todos trabajamos para ganar dinero y poder vivir, pero no siempre nos preguntamos cuál es su coste.

Lo que tiene de bueno ir cumpliendo sueños, al menos en mi caso, es que cada vez se destapan sueños más grandes, y ya nunca más puedes parar. Ahora tengo nuevos sueños, porque he subido nuevos escalones, y lo que veo ya no es lo mismo. Antes soñaba con dejar mi trabajo y dedicarme al coaching, conseguí subir ese escalón. Ahora sueño con dedicar aún más tiempo a escribir, con crear entornos donde los demás también consigan sus sueños. Pero esto solo lo veo porque he subido más escalones, escalones nuevos. Si me hubiera quedado allí jamás los hubiera visto, porque mi visión del mundo era el Monopoly y soñar con salir de ese trabajo donde, probablemente, me hubiera quedado hasta mi jubilación.

UNA VIDA PLENA
es la mejor medicina

**"*Si no lo encuentras dentro de ti,
¿dónde lo encontrarás?*"**

Alan Watts

Tener una vida plena te protege de gran parte de los dolores del mundo. Los últimos años, mi trabajo, mi vida, mis viajes, mi forma de ser, han hecho que me haya cruzado y haya podido conocer muchas cosas de cientos de personas. La mayoría de las personas que son infelices a mi alrededor lo son por falta de una vida plena, una vida que hayamos elegido, una misión que realizar, una visión que perseguir. Y es que vivir conforme a nuestros valores, vivir con amor, hace que las piedras que nos vamos encontrando sean solo eso, piedras, y no agujeros negros que paralizan nuestro crecimiento en la vida.

Desde síndromes del nido vacío, a peleas por las herencias, depresiones, insomnios, duelos infinitos por muertes de familiares cercanos, el final de una relación de pareja, peleas eternas con familiares, con amigos o con vecinos. Si estás permanentemente preocupado por algunas de estas cosas, si tienes un dolor que no consigues superar, probablemente es porque no tienes la vida para la que realmente has nacido, la que en el fondo de tu corazón deseas o deseabas.

Si estás más preocupado por todo lo que está pasando a tu alrededor, por lo que hacen tus vecinos, tus amigos, si padeces de envidia, o de chismorreo, si estás peleado con tus amigos, o casi toda tu familia, quizás es el momento de mirar dentro de ti, el momento de que sepas que vas a morir, que tu tiempo es limitado y que puede acabar en cualquier momento. Puede que, si eres capaz de vivirlo aunque solo sea un instante, saber que eres mortal, puedas despertar y empezar a vivir esa segunda vida que para muchos empieza cuando han estado a punto de morir. No necesitas llegar a ese punto, tú, por ti mismo, puedes cambiar tu pensamiento.

Si has sido capaz de construir una vida con sentido, superarás con éxito cualquier duelo que se te plantee. Llorarás un tiempo, sufrirás, pero un día decidirás que has llorado bastante y levantarás cabeza. Si tienes la vida que deseas, decidirás que no vale la pena discutir con la gente a la que quieres, que no vale la pena compartir tu tiempo con personas que te hacen daño, e ignorarás a los que no tienen nada mejor que hacer que meterse contigo. Si la tienes, lo material tendrá su debida importancia y no te aferrarás a nada que pueda hacerte sufrir. Elegirás antes la libertad del desapego que el sufrimiento del apego a lo que no tienes.

La buena noticia es que siempre estás a tiempo de llevar una vida plena. La mala, es que tú eres la única persona capaz de dar ese paso, y si no lo haces tú no lo va a hacer nadie. Tendrás que hacerlo tú solo.

COGE TU TREN,
joven rumí

*"—Vino en mi busca el hodja: «Oye, joven
rumí», me dice, «vente conmigo.» «No voy»,
le contesté. «¿A dónde intentas llevarme?» «La
hija de un bajá, fresca como agua de la fuente,
te espera en su alcoba, joven rumí, ¡ven!» Pero
sabiendo que degollaban de noche a los cristianos
que se atrevían a vagar por los barrios turcos, le
dije: «No, no voy.» «¡Cómo! ¿No alientas en
tu pecho el temor de Dios, guiaur?» «¿Por qué
habría yo de tenerlo?» «Porque, joven rumí,
aquel que pudiendo acostarse con una mujer no
lo hace, comete un gran pecado. Si una mujer
te invita a compartir su lecho, y tú te niegas a
satisfacer su deseo ¡pierdes el alma! Esa mujer
lanzará un suspiro el día del gran juicio de Dios,
y el suspiro de esa mujer, seas tú quien fueres y
por más que abonen en tu favor las acciones más
meritorias, sí ¡el soplo de ese suspiro bastará para
echarte de cabeza en el infierno!» Zorba suspiró.*

*—Si el infierno existe —dijo—, no me libro de
caer en él y la única causa de mi perdición habrá
sido aquélla. ¡No por haber robado, asesinado,
cometido adulterio, no, no! Todo esto no
significa nada. Dios lo perdona. Pero he de preci-
pitarme en el infierno sólo porque aquella noche
una mujer me esperaba y yo no acudí...*

Se levantó, encendió el fuego, guisó la comida.
Me miró de reojo y sonrió desdeñosamente:

—No hay peor sordo que el que no quiere oír
—dijo. E inclinándose comenzó a soplar rabiosa-
mente sobre la leña húmeda."

Nikos Kazantsakis (Zorba, El Griego)

No pienses que has dejado pasar todos los trenes. No pienses que no quedan oportunidades para ti, no pienses que todo está perdido, mientras te quede un aliento de vida aún estás a tiempo de vivir la vida que quieres, de la que siempre has huído. Sí, es a ti, este breve capítulo va por ti. El que está mirando en estos momentos hacia otro lado, pensando que tú no puedes. Sí, va por ti, no mires a los lados, te he visto huyendo de estas letras. Lo sé todo. Y porque lo sé todo, estás leyendo este libro.

Nada te impide levantarte en este preciso instante y emprender tu propio camino, ese que crees no merecer, ese del que llevas huyendo toda la vida.

Sí, chica del parque, tú que vives infelizmente en ese matrimonio, atrapado o atrapada, viviendo en compañía la soledad más intensa jamás imaginada. Tú que te sientes maltratado por la vida, viviendo el fruto de lo que consideras tus errores, arrepintiéndote de no haber tomado la decisión correcta en ese momento, acumulando cada día trenes que dejas pasar. Tú consumido o consumida por la frustración de creerse ya ni siquiera capaz de soñar.

Tú que vives en la ceguera de solo ver lo que tienes a tu alrededor, parali- zado por tus circunstancias, inmerso en tu frustración.

Da igual lo que tengas. Si te concentras en lo que estás a punto de perder tu mirada se dirigirá hacia ahí y seguirás anclado a esta vida que no quieres. Si diriges tu mirada hacia lo que crees que vas a perder, no podrás mirar hacia todo lo que vas a ganar si sigues lo que tu corazón está gritando que hagas. Cierra los ojos, y ahora mira todo lo que vas a ganar si coges ese tren.

Porque quizás yo no sepa si existe la reencarnación, pero sí puedo asegurarte que el infierno existe. Solo que no existe después de la muerte, como quizás crees, existe en la propia vida, y eso es lo que estás viviendo ahora, en este preciso instante. El infierno de vivir la vida de otro. Esa vida que no es la tuya. Y lo sabes.

Por eso, déjame que insista una vez, sí mereces la vida de la que estás huyendo. No, no te importará haber perdido todo lo que vas a perder, porque lo que vas a tener va a ser tan grande, tu satisfacción va a ser tan inmensa, que al final permitirás que tus pulmones se llenen de oxígeno. De una vez por todas.

Y si me necesitas, aquí estoy, en estas letras, para recordarlo una vez más. Una y otra vez. Las veces que haga falta. Para que cuando desfallezcas puedas volver aquí, y volver a clavar la vista en lo que vas a ganar en esa nueva vida.

capítulo cuatro

DE QUE TU VIDA SEA TU TRABAJO

*"Debo encontrar una verdad
que sea verdad para mí"*

Søren Kierkegaard

Silvia era interiorista. Trabajaba muy bien y casi casi de la nada, su pequeño negocio fue creciendo cada vez más.

Disfrutaba de una próspera empresa en Madrid, le llovían los encargos, y no paraba de trabajar. Cada vez tenía más proyectos, y la visión de su mundo, su objetivo, el lugar en el que su vista se fijaba, eran esos proyectos que la llevaban a conseguir el espacio perfecto, con los objetos perfectos para las personas que la habían contratado.

Los días pasaban volando, y con ellos se llevaban todo su tiempo. Se levantaba muy pronto, casi de madrugada, y, cuando se daba cuenta, había terminado el día y la lista de tareas que se había propuesto se quedaba siempre a menos de la mitad. Las cosas que tenía que hacer, que tenía que controlar para que todo quedara perfecto, era titánica.

Se había comprometido a tener un trabajo terminado para ese día, faltaban muy pocas cosas, solo unos detalles. El trabajo incluía también los baños. Cuando fueron a colgar los inodoros se dieron cuenta de que los tornillos no servían para atornillar los inodoros a la pared. Silvia empezó a buscar en todos lados, a tirar de sus contactos, a hacer llamadas, pero conseguir los tornillos que quería era materialmente imposible para ese día. Dice que de repente empezó a sentir palpitaciones y empezó a sentir que el aire no llenaba sus pulmones, que lo que respiraba no era suficiente. Ese día terminó en urgencias por un ataque de ansiedad. Cuando se dio cuenta, cuando pudo mirarlo todo con perspectiva, de repente se dio cuenta de que estaba en una cama en el hospital, con una bata, a causa de un ataque de ansiedad provocado por el tornillo de un water.

Cuenta que para ella eso fue una bofetada de la vida, y le sirvió como punto de inflexión. Silvia de la Colina ahora vive en Ibiza, parte del año en un barco. Actualmente se dedica al coaching y a algún proyecto de interiorismo, siempre y cuando no haya tornillos de inodoros implicados.

TU PROBLEMA
no es la gestión del tiempo

"No existe el instante, solo el pasado o el futuro.
Porque ahora, por ejemplo, este instante...
cuando hablo de él ya ha pasado."

Michael Ende (Momo)

Ríos de tinta han corrido acerca de la gestión del tiempo, que han alimentado las horas de lectura de miles y millones de personas alrededor del mundo. Diferente sistemas para gestionarlo, con sus correspondientes libros, sus maestros y sus aplicaciones. Como en muchas ocasiones, buscamos la respuesta fuera, en el exterior: "Si no me da tiempo a hacer todas las tareas que tengo es que hay algo que hago mal. Tendré que aprender a gestionarme mejor. Con esa herramienta de gestión del tiempo seguro que al final del día me da tiempo de ir a correr un ratito, o descansar".

Puede que esto haya sido la solución de algunas personas, pero en la mayoría de casos el problema viene de dentro y no se arregla con ninguna aplicación, ni con un curso. Quizás puede introducir leves mejoras, pero el problema de base seguirá estando. Para algunos está en pensar que el día es infinito, y le meten más cosas al día de las que pueden hacer, para otros quizás es que la prioridad es su trabajo, quizás porque no quieren asomarse a su vida personal, o quizás porque les encanta, o quizás por cualquier otro motivo de los infinitos que me quedarían por enumerar.

Cada día tiene 24 horas, y las semanas son de 7 días. Ahí hay que meter las tareas que tienes que hacer en tu trabajo. Pero, además de eso, tienes que meter también todas las cosas que son importantes para ti. Tu familia, tu alimentación, la forma física, los amigos, el tiempo en , tu cuidado personal, el sueño.

El problema de la gran mayoría de personas con las que trabajo, y me incluyo en ese grupo, no es la gestión del tiempo. Imaginemos que metemos todas las cosas que tenemos que hacer en un saco. Según la vida que llevamos actualmente, metemos tantas cosas que el saco resultante pesa demasiado y no podemos levantarlo. Cuando nos enfrentamos a la gestión del tiempo es como si empezáramos a darle vueltas a ese saco de 200 kilos que hemos llenado siendo incapaces de levantarlo y echárnoslo a la espalda.

El problema no suele ser la gestión del tiempo sino la gestión de las tareas, que es solo una señal superficial de que abajo, en lo más profundo, lo que realmente falla es la gestión de la vida. Y trabajando este aspecto de mi propia vida me encuentro en la actualidad.

"ME ARREPIENTO
de haber trabajado demasiado duro"

> — *"¡Qué lejos estamos!", suspiró.*
> — *¿De qué?*
> — *De nosotros mismos.*

**Gabriel García Márquez (Del amor y otros
demonios)**

Dice Bronnie Ware que una de las cosas de las que suelen arrepentirse las personas antes de morir es de haber trabajado demasiado duro.

Aquí siento a mi yo futuro mirándome en una mezcla de comprensión, acusación o aviso. En mi casa, en mi familia, el trabajo siempre ha sido lo más importante. Cuando era pequeña, si decía que tenía un examen mi madre me liberaba de todas las tareas domésticas inmediatamente y de cualquier cosa que pudiera interferir en mi estudio. Esto era un arma de doble filo porque ella sabía que si me ordenaba hacer cosas, yo le diría que tenía que estudiar, y entonces mi madre lo usaba para enviarme a hincar los codos de forma indirecta. Muy listas las madres.

Esto ha sido una constante en mi vida desde la adolescencia hasta la actualidad. Si hay trabajo, el trabajo va delante de cualquier otra cosa en el mundo. Va delante de alimentarme bien, va delante de hacer deporte, va delante de estar con mi familia, con mis hijos, con mi pareja, con mis amigos. El trabajo, durante años, ha sido lo primero para mí, siempre, en todos los casos. Hasta este año.

Este es el reto en el que estoy trabajando ahora, por primera vez en mi vida. Porque aunque los estudios llevan años indicando que la felicidad está en el equilibrio, uno no lo ve hasta que le toca. Hasta que el alumno está preparado, no aparece el maestro. No porque el maestro no esté, sino porque el alumno no lo ve, y probablemente hasta ahora no ha sido mi momento.

Yo no sé cuál es tu secreto, para mí consiste en cambiar el foco. Si antes el trabajo era "la prioridad", ahora mi prioridad es el equilibrio. Y asumir que, como el día solo tiene 24 horas y yo hace años que no le quito minutos al dormir, pues el trabajo se ve perjudicado y puedo asumir menos cosas. Menos clientes, menos proyectos, menos traslados, menos reuniones, menos comidas. Lo que intento es quedarme con los mejores clientes, los mejores proyectos, las reuniones justas y las comidas necesarias. Lo curioso de esto es que, cuando miras el resultado final de todos estos ajustes, te das cuenta de que no ha pasado nada, que sigues ganando dinero, que tu trabajo sigue estando bien y que el mundo no se ha caído.

Sigamos investigando en el tema.

¿PERO CUÁNDO
se debe trabajar duro?

*"Porque el tiempo es vida.
Y la vida reside en el corazón"*

Michael Ende (Momo)

Hay momentos en que uno tiene que darlo todo, en que la prioridad es el trabajo, pero si analizamos cada una de las fases de nuestra vida nos daremos cuenta de que no podemos convertirlo en una forma de vivir.

Algún día seré piloto

"Algún día seré piloto". Eso es lo que se dijo a sí mismo Juanjo Martín, un niño de unos 10 años, cuando dirigió su mirada al cielo y observó cómo lo surcaba un avión. Jamás había montado en avión, jamás había visto un piloto, no sabía cómo vestían, ni cómo eran los aviones por dentro. Sus oportunidades tampoco eran muchas, puesto que había nacido en el seno de una familia muy humilde.

Desde entonces, toda su vida giró en torno a esa idea loca que se había instalado en su cabeza. Empezó a preguntar aquí y allá, y descubrió que para ser piloto había que sacarse una licencia que valía muchísimo dinero. Diez millones de las antiguas pesetas, una fortuna para un niño en aquellas circunstancias. Dejó de estudiar a los 16 años para ponerse a trabajar.

Trabajaba de camarero todo el verano, y a veces incluso encadenaba dos y tres trabajos a la vez. Él vivía en Palma de Mallorca pero trabajaba en el Arenal, una zona que está entre 10 o 20 km de Palma. Terminaba de trabajar a altas horas de la madrugada y ya no había autobuses a esa hora. No quería ir en taxi a su casa porque ese camino que había que apagar le alejaba cada vez un poquito más de su sueño, y él lo que quería era acercarse. Por eso, por las noches se quedaba a dormir en las hamacas de la playa bajo un manto de estrellas. El Arenal está justo al lado del aeropuerto de Palma, y los aviones surcaban de vez en cuando el cielo de estrellas bajo el que estaba Juanjo, en la hamaca de la playa. Él los miraba y pensaba: "Un día yo iré en uno de esos". Y entonces desaparecía el frío, la soledad, el cansancio, y solo quedaba el sueño.

Así pasaron 8 años hasta que un día Juanjo tuvo sus diez millones de pesetas. El dinero justo para irse a Barcelona y entrar en la academia de aviación para sacarse su licencia. El tiempo que estuvo estudiando vivía en una casa de huéspedes y cuenta que solo tenía dos pantalones. El resto de chavales de la academia procedían de familias acomodadas, y los puentes y las vacaciones se iban a esquiar o a la playa, mientras Juanjo se quedaba estudiando. Fue el primero de su promoción. Él siempre dice que los demás tenían más recursos, pero que él tenía los sueños más grandes, y que solo tenía esa oportunidad. No más. Se lo jugaba todo a esa carta.

Con su licencia en la mano volvió a su casa y empezó el periplo de buscar trabajo para poder acumular horas de vuelo. Pilotó aviones de carga, y de vez en cuando se presentaba a pruebas para entrar en alguna compañía de vuelos comerciales. Muchas veces sacó uno de los primeros puestos, pero incluso así las puertas se cerraban ante sus narices. Siempre había alguien que tenía "enchufe", o el examinador había recibido órdenes de colocar al hijo de fulanito, o a la novia de menganito. Incluso durante un tiempo, tuvo que abandonar su Mallorca querida para irse a trabajar a Escandinavia, con un frío que pelaba, para seguir acumulando horas de vuelo. Todas esas puertas que se cerraron ante sus narices no consiguieron cerrar la puerta de sus sueños, y siguió insistiendo, una y otra vez, todas las veces que fueron necesarias, hasta que lo consiguió.

En la actualidad, Juanjo es comandante en una importante compañía aérea. Dice que a veces, cuando lleva su uniforme de comandante, cuando está sentado en su asiento de piloto, de repente ve su reflejo en el cristal de la ventanilla del avión y piensa: "Anda, si ese soy yo". Ahora vuela arriba y abajo, llevando gente por todo el mundo, surcando el mismo manto de estrellas bajo el que tantas veces durmió sobre la arena de la playa, soñando su futuro.

Juanjo es además coach, y al cierre de este libro se ha convertido en mi socio en un proyecto que se llama "VadeVida" (búscalo en internet, www. vadevida.es). Juanjo es uno de esos regalos que me ha dado la vida y he decidido quedármelo. No hay día que no aprenda algo nuevo a su lado.

Desagradecidos

Sandra tiene 39 años y llevaba trabajando en un banco desde los 20 cuando la echaron avanzada ya la crisis económica que ha acompañado a España y a parte del mundo en los últimos años.

Justo al ingresar en la universidad empezó a trabajar en un importante e internacional banco solo para el verano. La sucursal estaba en una zona turística y ella hablaba perfectamente alemán. Entró de cajera pero, trabajó tan bien, que después del verano le pidieron que se quedara. Y ahí permaneció durante los siguientes 19 años.

Sandra nunca había sabido qué quería ser de mayor, pero era buena estudiante. Empezó económicas y pensó que luego ya se vería que hacía con eso. Cuando empezó a trabajar en el banco pensó que lo iría compaginando con sus estudios, pero solo lo intentó el primer año. Estuvo pagando matrículas algunos años más sin pasar por la universidad hasta que renunció a seguir malgastando su dinero.

Durante esos años fue ascendiendo en el banco, pasó por distintos puestos: responsable de operativa, supervisora, gestión, intervención e incluso llevó la dirección de una sucursal. Empezaba muy pronto a trabajar y salía muy tarde. Algunas veces incluso más tarde de las ocho de la noche, cuando había empezado a trabajar bien pronto. Cenaba cualquier cosa, lo primero que encontraba, y los fines de semana hacía algo de ejercicio tranquilo. Entre semana le hubiera gustado apuntarse a un gimnasio, lo intentó, pero le pasó lo mismo que con la universidad, se encontró subvencionando gimnasios sin poder usar sus servicios y al final terminó dejándolo. Tampoco tuvo hijos durante ese tiempo porque nunca fue el momento adecuado ni para ella ni para su trabajo en la empresa. Siempre había un proyecto que terminar, un cliente que cerrar, un posible ascenso, y así fueron pasando los años.

Asumía muchas responsabilidades, trabajaba de forma eficiente y sus superiores estaban muy contentos con ella. Se sentía feliz y se sentía útil, aunque reconocía estar sin aliento y que no tenía tiempo para sí misma.

En plena crisis, después de una venta y una reestructuración económica, echaron a Sandra a la calle. Nunca había luchado por un sueño propio, no tenía la universidad terminada y había invertido los últimos 20 años en trabajar con toda sus fuerzas para una empresa. Le daba vergüenza presentar su currículum sin estudios terminados. Sentía que la empresa a la que tanto había dedicado fue desagradecida con ella. Y ahora si quería tener un hijo, a su edad ya no resultaba tan fácil.

Un triatleta

Joan tiene 25 años y es ingeniero informático. En su trabajo es muy bueno, y ya estaba trabajando antes de terminar sus estudios. Desde entonces no ha cambiado de empresa. Tiene muchas posibilidades, tanto para establecerse por cuenta propia, como para crear proyectos con alguna gente, como para trabajar en otros lugares. De hecho, no dejan de ofrecerle nuevas oportunidades. Pero él siempre dice que no.

Cobra cada mes, tiene un horario muy bueno, flexibilidad, y está cerca de su casa. El trabajo lo tiene controlado, lo desarrolla a su ritmo, las incidencias son más o menos las previstas y puede organizarse bien. Sus jefes confían mucho en él y le respetan.

Y es que el sueño de Joan no está en su trabajo. El sueño de Joan es competir en triatlones. Entrena mucho, muchísimo, la gran parte de las tardes, casi todos los fines de semana, y tiene lo suficiente como para comprarse el material que desea.

No tiene obligaciones. Su sueño no es comprarse una casa, ni tener un súper coche. Todas sus energías están puestas en el mundo del triatlón. El trabajo que tiene le permite vivir sin preocupaciones mientras se dedica a su sueño. En el trabajo él vive en su zona de confort, en la que se ha construido con todo el esfuerzo de sus estudios y de sus decisiones. Sin embargo, en su condición de atleta está permanentemente luchando para salir de su zona: para correr más en menos tiempo, o tener más resistencia.

Mira el lugar en el que inviertes tu vida

Si yo te digo que cuides en qué inviertes tu tiempo probablemente lo pienses un poquito, pero no le darás más valor a esa pregunta. Al fin y al cabo, vamos por el mundo creyendo que nuestro tiempo es infinito.

Pero si te digo que pienses bien en qué inviertes tu vida probablemente te lo pienses un poquito mejor, porque no creemos que la vida esté hecha de tiempo.

Juanjo se dejó los cuernos diez años en todo tipo de trabajos con una dirección y un objetivo claro. Ser piloto. Y lo consiguió. Cuando leemos su historia pensamos que tuvo que trabajar duro pero que tomó la mejor decisión, que merecía la pena ese esfuerzo, que hizo lo que tenía que hacer y mucho más, porque muchos simplemente hubiesen pensado que ese sueño no estaba al alcance de su mano y lo hubieran dejado. Si estuvieras viendo la película de la vida de Juanjo, los momentos en que se esforzaba, ¿qué le gritarías desde el público? ¿Qué le dirías al oído cuando lo vieras exhausto, después de trabajar 15 horas, durmiendo en la playa? ¿Cómo te sientes viendo esa película? ¿Cuál es tu emoción? ¿De qué color es para ti la figura de Juanjo en esa película? Yo, imaginándola me siento esperanzada y le gritaría: "Tú puedes, ánimo, lo conseguirás, tienes un sueño, no lo pierdas de vista"

Pero ¿y si estuvieras viendo la historia de Sandra? ¿Qué le dirías? Probablemente cada uno de nosotros verá cosas distintas. Mi madre le diría que no trabajase tanto y que acabara la universidad; otra persona insistiría en que tenga hijos, que luego no le dará tiempo, que no espere, y yo pienso que tendría que haber buscado un sueño y haber invertido ese tiempo (20 años de su vida, que no es moco de pavo) en su propio sueño y no en los sueños de los demás. Pero creo que leyendo su historia poca gente animaría a Sandra dejarse los cuernos en el banco. Incluso aunque la historia acabara bien.

Si viéramos a Joan por un agujerito, si pudiéramos aconsejarle desde fuera, probablemente lo único que haríamos sería aplaudir, ponernos en tensión cuando lo viéramos correr, y querer que llegase el primero. Si hiciéramos una película de Juanjo, probablemente ni contaríamos apenas nada de su trabajo. Ahí todo está bien, todo está en el lugar que tiene que estar. Su trabajo es el colchón perfecto para él para poder concentrarse en su sueño.

Sandra trabajaba en un banco, pero probablemente no es banquera. Juanjo trabaja como piloto, pero además de eso ES piloto. Por dentro y por fuera. Y si le echan de su trabajo, buscará otro en el que le permitan volar. Porque ese era su sueño.

En el caso de Juanjo, el esfuerzo merecía la pena. Probablemente lo invirtió todo, aficiones, amigos, horas de sueño, deporte, tiempo con su familia... Pero mereció la pena porque eso le ha llevado a vivir la vida que él quería, le ha llevado a volar, a cumplir con sus sueños, a vivir una vida bien vivida.

Sandra lo invirtió todo para quedarse con la frustración, la insatisfacción y un mal sabor de boca. No había un sueño detrás.

Joan está invirtiendo todo su tiempo libre en entrenar. Lo hace a gusto, lo ves pasar con una sonrisa. Para él no hay dolor, y su disfrute está en el esfuerzo. Invierta lo que invierta allí probablemente no lo lamentará jamás porque en cada momento de su vida ha invertido el esfuerzo necesario en el punto que ha considerado conveniente sin apartar por un momento su sueño de su cabeza.

Hay veces que no queda otra que meter toda la carne en el asador. Estos últimos años he trabajado muchísimo porque tenía que empezar de cero, y mis hijos seguían comiendo y las facturas llegando. Tenía que hacerlo. Ha valido la pena, ahora empiezo a disfrutar de más tiempo para mí. Había un objetivo, había un motivo, todo ese esfuerzo me ha llevado a una vida mejor vivida.

¿Pero hasta qué punto vale la pena invertir más tiempo para ganar aún más dinero renunciando a otras facetas importantes en la vida.? ¿Cuántos empresarios existen enamorados del dinero, que no tienen vida y que no ven más allá que eso? ¿O ejecutivos que no ven más que su empresa, y eso que para muchos ni siquiera es su empresa? Es más, ¿cuántos ejecutivos poderosos han sido echados a la calle después de años, quedando totalmente desconcertados porque aún no se habían enterado de que la empresa en la que trabajaban no era suya, de que ese no era su sueño y que estaban construyendo el sueño de otro? Por supuesto que también los habrá felices, pero aquí estamos hablando de los otros.

La pregunta que quiero hacerte es ¿qué harías si supieras que vas a morir en los próximos 20, 30 o 60 días? ¿Acabar ese informe que te ha pedido tu jefe? ¿O ese artículo? ¿Qué cosas de las que estás haciendo en tu vida seguirías haciendo si supieras que tu final es inminente? Quizás a mí me gustaría terminar este libro antes de morir; quizás Juanjo quiera ver una aurora boreal en su avión por última vez; todos querríamos pasar más tiempo con nuestros seres queridos, disfrutar al aire libre y no estar encerrados en una oficina...

Pero si tu vida está llena de cosas a las que no dedicarías ni un segundo más, entonces hay algo que no funciona. Si no lo estás haciendo para conseguir tu sueño, sea el que sea, quizás es el momento de reflexionar. Porque tengo que advertirte que tu final es inminente, puede que algo más de 20, 30 o 60 días, o quizás algo menos, nunca se sabe, pero tienes que saber que tu vida pasa como un suspiro.

AMA
lo que hagas

"Cuando te inspira un objetivo importante, un proyecto extraordinario, todos tus pensamientos rompen sus ataduras: tu mente supera los límites, tu conciencia se expande en todas direcciones y tú te ves en un mundo nuevo y maravilloso. Las fuerzas, facultades y talentos ocultos cobran vida, y descubres que eres una persona mejor de lo que habrías soñado ser"

Patanjali, Filósofo hindú.

Puedo empezar a escribir de madrugada, nunca me da pereza. Puedo continuar toda la mañana, incluso si por algún motivo mi familia no viene, se me olvida hasta comer. A veces vienen a verme por la tarde y yo no me levantado de la silla en todo el día. Lo mismo me pasa cuando monto vídeos, cuando dibujo, o cuando pinto. Se me olvida el mundo en el que vivo.

No me importa. Me gusta. Si mi vida fuera eso, aunque fuera todos los días, probablemente moriría satisfecha, incluso aunque mi jornada laboral fuera de 10 horas diarias.

Decía Steve Jobs en el discurso de Stanford, que ha servido de inspiración a millones de personas, que todos los días se preguntaba ante el espejo: "Si hoy fuese el último día de mi vida, ¿querría hacer lo que hoy estoy por hacer?", y si durante mucho tiempo su respuesta era no, entonces él sabía que tenía que cambiar algo.

¿Me gustaría escribir en el último día de mi vida? La respuesta es sí. Escribir, pintar, jugar, reír, estar con mis hijos, ver una puesta de sol, o bañarme en la playa. Estas serían mis elecciones, esta es gran parte de mi vida ahora.

¿Me gustaría jugar al Monopoly? ¿Ocuparme del estrés de una base de datos? ¿Asistir a una reunión de negocios? ¿Firmar un acuerdo comercial? A mí, no.

Por eso he decidido hacer cosas que me encantan la mayoría de los días, cosas que amo, que me llenan de pasión. Y como la vida es tiempo, y el tiempo se convierte en lo que hago, al final si amo lo que hago, termino teniendo una vida que amo. Un vida bien vivida.

"Sueña como si fueras a vivir para siempre, vive como si fueses a morir hoy"

(cita atribuida a James Dean)

Si fuera a morir hoy, si realmente fuera hoy el último día de su vida, probablemente Steve Jobs no hubiera ido a trabajar, ni Juanjo a estudiar para ser piloto, ni yo a escribir este libro. En ese momento uno solo puede concentrarse en el amor. Podemos pensar en ser piloto, o en escribir este libro porque pensamos que nos dará tiempo a terminarlo.

Si pensáramos que vamos a morir de un momento a otro la visión no sería completa y nuestros sueños estarían sesgados. Por eso, la conocida frase atribuida a James Dean: "Sueña como si fueras a vivir para siempre" le añade el ingrediente esencial a la receta de la vida bien vivida.

Lo que nos permite idear proyectos a largo plazo es pensar que tenemos tiempo por delante para realizarlos. Esto nos permite crear empresas, escribir libros, pintar cuadros, crear obras, y construir edificios. Las personas hacemos frente a estos proyectos no porque vayamos a morir, sino porque pensamos que vamos a vivir. Incluso porque pensamos en que, aunque muramos, el lugar en el que habitamos, el pueblo, la ciudad, el país y el mundo, será el legado que entregaremos a nuestro hijos. Que parte de lo que estamos haciendo influirá en sus vidas, y en nuestro trabajo algo de nosotros permanecerá.

Cada vez vivimos más años y nuestra calidad de vida es mejor. La esperanza de vida ronda en la mayoría de los países del primer mundo los 80 años. Científicos de la Singularity University, patrocinada por Google y la Nasa, afirman que en unas pocas décadas el envejecimiento será reversible y que viviremos para siempre con los cuerpos que teníamos a los 20. Quizás lo que dice este libro pasará en un futuro a la categoría de creencias como "el mundo es plano", "Finisterre es el lugar en el que se acaba la tierra" o "el sol da vueltas alrededor de la tierra.

Por este motivo te digo que vivas intensamente, vive una vida bien vivida, pero que tus sueños sean infinitos, que el planeta en que vives sea para siempre. Mueras o no, el consejo no te va venir mal.

OJALÁ ME HUBIERA
permitido ser más feliz

"*¡Ojalá vivas todos los días de tu vida!*"

Jonathan Swift

Este es otro de los ojalás que plasmó Bronnie Ware en su libro. Ojalá me hubiera permitido ser más feliz.

¿Pero qué es la felicidad? La felicidad es un término ambiguo, que tiene que ver con la percepción de cada uno, de su mundo. Algunos la buscan para siempre, por los siglos de los siglos, y no la consiguen.

Algunos piensan que la felicidad está en el tener. Que si tuvieran esa casa más grande, ese coche más potente, o algún dinero más para las vacaciones, serían más felices. Dicen que todos, ganemos lo que ganemos, siempre pensamos que nos conformaríamos con ganar un 20% más. Tanto si ganamos 800€ al mes como 3 millones, todos querríamos ganar un 20% más.

Hay personas que buscan la felicidad en otros lados. Recuerdo cuando en mi adolescencia pensaba que la felicidad estaba en mis amigos; luego pensé que estaba en el trabajo, luego que estaba en el puesto más alto: cuando era programadora quería llegar a ser analista, cuando fui analista pensaba en ascender a gerente, y así siempre. Y fui dando cada uno de los pasos sin terminar de encontrar la felicidad absoluta que buscaba en ese camino. Discutiendo con ese inconformismo natural, con la curiosidad de estar pensando siempre qué se verá encima del siguiente escalón.

La premisa equivocada

Serafín transitaba la mitad de la cincuentena cuando empezamos a trabajar juntos. Era una persona muy conocida en su entorno, un catedrático de la universidad con destacados éxitos y responsabilidades a sus espaldas. Tenía una hermosa mujer, Regina, que le había querido mucho durante muchos años, y dos hijos varones que habían estudiado en las más prestigiosas universidades del mundo. Uno se estaba doctorando en estos momentos, y el otro ya estaba colaborando con la NASA en Hawai. Vivía en una hermosa casa con piscina y jardín en una de las mejores y más tranquilas zonas de la ciudad, y además muy cerca de su lugar de trabajo. Tardaba escasamente 10 minutos en llegar. Estaba en buena forma física. Parecía que tenía que tenerlo todo para ser feliz y, sin embargo, cuando se sentó ante mí me pareció el hombre más triste de la tierra.

Cuando le pregunté qué venía buscando en el coaching me comentó que lo que quería era gestionar el tiempo mejor. Sus ojos indicaban que detrás de esa petición había más. Siempre hay más.

Dos hechos le habían llevado a llamar a mi puerta, un pequeño infarto y la amenaza de su mujer. Regina había insinuado la posibilidad del divorcio, y Serafín no podía soportar la idea de perderla.

Quería gestionar mejor el tiempo para hacer cosas con ella, llevarla a cenar, pasear, ir de excursión. Para satisfacer de una vez las peticiones que ella llevaba realizando desde siempre y que él siempre había pospuesto, hasta la inminente amenaza de perder lo que más quería.

De sus hijos solo conocía su expediente profesional, nada más. Sus hijos no le confiaban nada íntimo que no tuviera que ver con su trabajo o sus estudios, ese era su único canal de comunicación, y él tampoco sabía hablar con ellos de nada que no fuera eso. Observaba con envidia la relación de Regina con ellos y veía que había algo, una complicidad, una ternura en la que él no había invertido tiempo en construir. Sentía que sus hijos le veían a él como un tutor académico, no como a un padre. No era de extrañar, así se había comportado siempre. Esa era la relación que les había ofrecido y Serafín era muy consciente de eso.

Estuvimos trabajando las creencias, los valores, los "para qué". Marcando pequeños objetivos que le llevaran a alcanzar una vida con la que se sintiera más acorde.

Aprendió a decir que no en el trabajo, a poner una hora máxima de salida y empezó a invertir mucho más tiempo en Regina, puesto que sus hijos ya vivían fuera. Siempre había trabajado todo el día, incluso cenaba en su trabajo y continuaba en su casa un par de horas. Congresos, reuniones, viajes, clases y responsabilidades. Todo eso llevaba mucho tiempo para hacerlo bien. Además, a Serafín le encantaba y disfrutaba cada segundo de su actividad profesional, desde preparar las clases, a enseñar, e incluso la parte más burocrática.

De esto hace ya unos años. Hace poco tomamos un café juntos. Serafín estaba feliz, con Regina estaba viviendo la mejor época de su vida. Me dijo que el error que había cometido no era otro que partir de una premisa equivocada: había basado la felicidad en el éxito profesional, y dejado que el resto de su vida se desarrollara por su cuenta. En los últimos años había podido comprobar que, incluso dedicando un 40% de tiempo menos y reduciendo algunas responsabilidades que no le reportaban demasiadas satisfacciones, el éxito profesional apenas había sufrido modificaciones. Seguía teniendo éxito en su entorno, pero ahora además disfrutaba de muchas otras cosas que se había perdido hasta los 55 años.

Me contó que distribuir su tiempo en muchas otras actividades hacía que tuviera perspectivas distintas de todo, que ahora veía lo que enriquece su vida en todos los aspectos. Ahora tenía las visiones de cuando estaba paseando por el campo, o cuando estaba cocinando con su mujer, o cuando hacía deporte. Me pareció una interesante reflexión y me sentí muy orgullosa de él. Qué suerte que su mundo hubiera estado a punto de desmoronarse.

¿Dónde está la felicidad?

Igual que Serafín, muchas de las personas con las que trabajo buscan la felicidad en sitios equivocados. Serafín la buscó muchos años en el éxito profesional, mientras que otros la buscan en el tener, en la riqueza económica. Otros creen que la felicidad consiste en tener pareja, o en que su pareja les quiera.

Para Serafín la única forma de felicidad era el prestigio, ser conocido en el ámbito universitario, publicar artículos científicos, su visibilidad. Pero da igual que seas o no conocido porque si vives la vida que realmente quieres, si eres feliz, da igual que te conozcan o no. Y si tienes prestigio, o dinero y no eres feliz, también dará exactamente igual.

El equilibrio

Cada vez más estudios indican que la felicidad está en el equilibrio de algunas cosas muy básicas que están absolutamente al alcance de cualquier bolsillo.

La felicidad está en compartir tiempo con la gente que quieres, con la que te gusta estar, en el ejercicio y en el tiempo al aire libre. Pero cuando el trabajo y las tareas del día a día te nublan la vista estas cosas, las que tanto te aportan, son las primeras a las que renuncias. Renuncias a estar con la gente que quieres, renuncias a hacer ejercicio y a pasar tiempo al aire libre. Justamente las que está demostrado que dan más felicidad y que encima no suponen ningún dinero.

Por eso, el sistema por el que abogo y en el que estoy trabajando ahora cada vez más es en centrar mis esfuerzos en el equilibrio en vez de en el trabajo. Cuando ponemos nuestro foco en el equilibrio dejamos un espacio en nuestra vida para cada una de las cosas importantes.

Sí, es cierto, quizás hay un tiempo límite para entregar ese informe, o para terminar el plan de marketing, quizás le puedes meter todo el esfuerzo de forma puntual durante un breve espacio de tiempo. Pero si siempre hay algo urgente, la gente que quieres, el espacio al aire libre, cuidar tu alimentación o tu cuerpo... desaparece. Desaparece el tiempo de hoy, desaparece el tiempo de mañana, y desaparece el tiempo de pasado mañana, y así, sumando días, desaparece el tiempo de tu vida dedicado a la felicidad.

No te arrepientas de no haber visto suficientes puestas de sol

Hoy hemos ido al Abra de Cosme. Desde que vi las fotos de ese increíble lugar que publicó en su página web (www.fomentografia.com) un fotógrafo del lugar decidí que tenía que bañarme en esas aguas. No querían llevarme, estaba lejos. Al final, a fuerza de insistir, convencí a mis cuñados, Julio y Kirenia, que siempre están viendo la forma de complacerme. Es lo que tiene ser cuñada a tiempo parcial, que cuando estamos juntos lo único que queda es el amor.

El viaje hasta allí ha sido complicado. Primero hemos tenido que encontrar un transporte que nos dejase cerca. Hemos viajado con una de esas motos que tiene un carrito detrás. Por supuesto, mis hijos encantados. Cuánto más extraño es el medio de transporte más les gusta a ellos. Luego hemos tenido que subir una montaña, y volverla a bajar. Eso con tres niños pequeños. Mi hija Carmen se ha negado a caminar durante toda la excursión y hemos tenido que llevarla siempre en brazos. Dos horas de ida y dos horas de vuelta.

Hemos cruzado un bosque que no tenía ni senderos, lo que indica que no es un camino transitado. Después del viaje, agotador, me he sumergido yo sola, en la laguna, en el agua azul turquesa, con el ruido de las cascadas, y entre las montañas. Creo que recordaré este día para siempre

Cuando echo la vista atrás, si hoy fuese mi último día, si tuviera que rememorar los mejores momentos de mi vida de forma consciente, probablemente cabrían en un instante. Y probablemente la mayoría de ellos tendrían una fuerte conexión con la naturaleza.

De todos los años vividos, de todos los meses, de todas las semanas, de todos los días, horas, minutos y segundos, solo podemos rescatar de forma consciente algunos breves instantes.

Si hoy fuese mi último día probablemente querría haber visto aún más puestas de sol, haber escuchado aún más música, haber cantado más, haber sentido muchas más veces la brisa acariciando mi cara, haber enterrado mucha más veces la nariz en el cuello de mis hijos para aspirar su olor a vida.

Porque si hoy fuese mi último día no perdería un instante recordando ni uno solo de mis éxitos. Sin duda elegiría recordar aquellos momentos en los que preferí vivir en el amor o en la naturaleza.

Si ahora mismo pudiera elegir a la carta algunos momentos de mi vida, me quedaría quizás con cualquiera de las veces que estuve bañándome en la playa, por sentir el agua fría recorriendo mi cuerpo.

Quizás también elegiría alguna madrugada, acurrucada en la cama, bajo el edredón, formando parte de la maraña de cuerpos, codos y rodillas en las que despertamos muchas veces todos juntos. O cuando mis hijos eran bebés, algún momento de esos en que se quedaban dormidos en mi pecho. O es posible que recordara unas risas con mis amigas, una sobremesa de esas con pastel, y café para ellas y té para mí.

Es cierto que hay que trabajar para conseguir los sueños de uno, no se puede vivir de puestas de sol y de madrugadas de abrazos. Y no estoy diciendo que no se pueda por motivos económicos, sino porque el ser humano es mucho más complejo que eso, y la felicidad no está solo en vivir de contemplación. Esos momentos no tienen sentido si no hay alrededor toda una estructura personal y transpersonal que los sostengan. En definitiva, no tienen sentido si uno no está viviendo la vida que realmente quiere porque, si no lo está haciendo, probablemente tampoco los pueda aprovechar.

Sin embargo, procura atesorar esos momentos y no olvidarlos porque, si estando hoy en mi hipotético último día de vida es lo que más echaría de menos, algo de razón tendré yo y todos los que piden una última puesta de sol, u otro soplo de aire fresco en la cara.

Porque la naturaleza, las puestas de sol, los amaneceres, las noches estrelladas, los baños en las playas o en los ríos, el sonido de un arroyo, el calor de la hoguera en el campo, el susurrar de los árboles en un bosque, hacen, o al menos en mi caso, que sienta que soy parte de la vida, un elemento más de algo mucho más grande, que respiro, que soy todo uno con el universo bajo un cielo inmenso.

De Fomento a Trinidad

Se acabó nuestro tiempo en Fomento. Solo pasaremos por ahí el último día para despedirnos y recoger nuestras cosas.

Estos días me he sentido mecida por sus gentes, por Máma (con tilde en la primera a, mi suegra). Mecida por toda mi familia, especialmente por mis cuñados, José, Julio y Kirenia. Un tiempo para desconectar, para ver jugar a mis hijos con sus primos por primera vez en mi vida. De ver a Kirenia y a los niños cantar "Rueda, rueda, rueda de pan y canela...". Con los llantos de mi hija por las noches, cuando la llevo a dormir y no quiere porque desea seguir jugando con su primo Julito (Tulito para su lengua de trapo). Por las noches en que Milco, el hermano de mis hijos, le cuenta cuentos a mi hijo Miguel para que duerma mientras yo les miro con toda la ternura que puede caber en un corazón.

Conozco a Milco desde que tenía meses, y a lo largo de estos años le he visto crecer y convertirse en un joven fantástico que me llena de orgullo. Ahora, viéndole junto a mis hijos, siento que por fin, por primera vez, mi familia está completa. Su hueco, la falta que nos hace, nos persigue todos los días en que no está con nosotros, que son muchos. Su falta es lo que más me pesa de vivir tan lejos.

He disfrutado al reconocer algunos rasgos faciales de mis hijos en la familia. También de las fiestas. Y del dominó que pone sobre la mesa esa picardía cubana que me chifla.

Me encantan la Navidades en Fomento, sobre todo porque son más cortas, porque no hace frío, y porque lo que importa es la amistad, la familia y el amor, no lo que comes o lo que regalas. Afortunadamente el consumismo de las Navidades de nuestro mundo no ha llegado aún aquí, o al menos no en mi entorno, y eso me permite disfrutar del tiempo sin ningún dolor de cabeza.

Estuvimos el 30 de diciembre comiendo en Agabama, con Francis y su familia. Mi hijo probó el maracuyá, y los niños de todos los que allí había estuvieron jugando juntos hasta bien entrada la noche, en total libertad en la casa de los padres de Francis, pegada al río Agabama. Allí cocinamos comida de aquí y de allí, y me dejaron sus sartenes nuevas para preparar un frito mallorquín con toque caribeño.

Me encanta Agabama, su puente flotante y sus cascadas.

El 31 lo celebramos con la familia y los vecinos. La fiesta del 31 de diciembre empieza en Cuba a primera hora de la mañana, en la cocina de cada hogar, donde los fogones se encienden para preparar algunos platos tradicionales. Mientras, los vecinos van pasando de casa en casa, con su botella de ron, a brindar con los amigos. Sí que es cierto que algunos no llegan a la cena, la efusividad del amor junto con el ron es lo que tiene.

Y luego el 1 de enero lo pasamos en casa de los padres de Yanellis. En casa de Zobaida y Juan Miguel siempre somos bienvenidos y cocinan para todas las bocas que haya. Ese día éramos muchas: nosotros, nuestros hijos, sus hijos, sus nietos, y un montón de amigos. Para todos hubo de todo, yuca, arroz, carne de puerco, chicharritas, flan y jugos de frutas. Pasamos el día allí, comiendo, hablando, encontrándonos, recordando, riendo, rememorando. Mientras tanto, mi hijo le roba a Zobaida las chicharritas recién cocinadas. Para Zobaida siempre comes demasiado poco y te tienta con todo tipo de manjares. Jorge, mi marido, se reencuentra con viejos amigos como José, que ahora vive en Vietnam y también está de vacaciones. Echo de menos a la abuela, a Calixta, que se fue hace unos años. Una de esas abuelas universales, como quisiera ser yo de mayor y que sé que no seré. Siempre le guardaba la raspita del arroz a mi marido y le advertía, cuando creía que yo no la oía, de que yo era una buena chica y que hiciera el favor de portarse bien conmigo.

Fomento y sus gentes…aquí me siento como en casa, en este territorio de verdes intensos y arroyos aún inexplorado por los turistas. Un lugar salvaje en el que permanece la Cuba más esencial. Esa tierra rica en la que todo crece, en la que en los bosques todo se come.

Ahora vamos dirección a Trinidad. He hablado antes de la ciudad, quizás la ciudad más bonita de Cuba y para mí uno de los lugares más especiales del mundo. Es una de las ciudades coloniales mejor conservadas de América y Patrimonio Mundial de la Humanidad. Sus calles empedradas han destrozado más de un par de zapatos de tacón, y entre ellos algunos míos. Cuentan que no se sabe muy bien de dónde han salido esas piedras, que no son de la zona. Algunos incluso sugieren que se trajeron de África para hacer contrapeso en los barcos repletos de esclavos.

Sus casas coloniales, muchas de ellas centenarias, son mágicas; aquí sientes que tú eres solo uno más de los cientos de personas que han dormido bajo sus techos. Y que detrás de ti muchos otros dormirán también, quizás también en los próximos siglos. En una de ellas, en la casa de Teresa y Rodolfo, mi casa preferida para alojarme en Trinidad, concebí a mi hijo Miguel. Con Isabel, la nuera de Teresa y probablemente la mejor cocinera de Trinidad, siempre bromeamos acerca de ello.

Mientras yo esperaba quedarme embarazada de Miguel, que se hizo esperar unos meses, Isabel Bécker, La Profunda, conocida en toda Cuba por pertenecer a la Nueva Trova Cubana, me ayudaba con sus plegarias. Siempre que llego a Trinidad paso a verla. Tengo el gran privilegio de que considere a Jorge como "profundo" también, y de que haya cantado solo para nosotros con su guitarra, creo recordar que obsequio de Pablo Milanés. Sentarme en su cuarto, pegado a La Casa de la Trova, en esas viejas mecedoras, mientras ella canta solo para Jorge y para mí con su rasgada voz, con ese toque Chavela Vargas, hace que se me salten las lágrimas cada vez. La emoción no se acostumbra a la magia de ese cuarto lleno de historias pasadas e historias que vendrán. Ese cuarto lleno de fotos, de toda una vida, su vida, entrelazada con las canciones y los rostros de cantantes y músicos internacionales sobradamente conocidos.

Sentarme en los portales con ella y su bastón, mientras ella comparte su sabiduría conmigo, es uno de los privilegios que me ha regalado la vida.

Desde su cuarto observo el paso del tiempo, y también el paso de mi tiempo. Recuerdo cuando me ayudaba para que Yemayá, la diosa de la fertilidad, me visitara. Y ahora me veo aquí, con mis hijos andando ya por su propio pie, enredando en sus cosas y poniéndome nerviosa, jugando en las rejas de las ventanas de su casa.

En Trinidad es diferente. La fiesta, el bullicio, los restaurantes que pueblan sus calles, los turistas, los taxis, los tambores, la música afrocubana, la salsa, las maracas, la candonga y el resto de complementos hacen que el silencio haya acabado para mí. Aquí ya han puesto wifi. Aunque solo una vez, y gracias a un huracán, hace ya muchos años, conocí también la Trinidad silenciosa...y oscura.

Seguimos...

capítulo cinco
EL AMOR EN ESENCIA

*"Si nada nos salva de la muerte,
al menos que el amor nos salve de la vida"*

Pablo Neruda

Dice la psiquiatra y escritora Elizabeth Kubler-Ross, tras muchos años de análisis e investigación, que la mayor necesidad de las personas ha sido siempre el amor. Según la doctora venimos a este mundo para sanarnos las almas los unos a los otros. Venimos a este mundo con asuntos inacabados de otras vidas en las que, en vez de vivir de verdad, nos limitamos a existir.

La forma de sanar nuestras almas es a través del amor incondicional, según ella la única forma de encontrar paz y felicidad en este mundo. No sé si llegamos como almas con asuntos inacabados, pero coincido totalmente en que el amor incondicional es una de las mejores formas de encontrar la felicidad, y probablemente el arma más poderosa que existe.

Desarma incluso a las personas más agresivas, que en el fondo son las que más amor necesitan. El amor es capaz no sólo de sanar las almas incompletas, sino también el mundo.

En 1993 John Hagelin, uno de los gurús de la meditación trascendental, lideró la Práctica Colectiva del programa de Meditación Trascendental con la que se redujeron en Washington DC los delitos violentos en más de un 20%. Un numeroso grupo de personas se reunió para meditar influyendo en el estado colectivo emocional de toda la ciudad.

A principios de los años 80 Hagelin trabajó 4 años como psiquiatra en uno de los hospitales con pacientes criminales más peligrosos. Cuentan que, sin ver jamás a sus pacientes, solo con su expediente y aplicando técnicas de Ho'oponopono, consiguió que sanaran, que se redujera el absentismo del personal y, con el tiempo, incluso consiguió cerrar ese pabellón. Desde entonces se ha comprobado cómo la práctica de la meditación en las escuelas reduce la violencia y mejora los índices de asistencia y rendimiento de los alumnos.

TIEMPO
de calidad

"Ella me daba la mano y no hacía falta más. Me alcanzaba para sentir que era bien acogido. Más que besarla, más que acostarnos juntos, más que ninguna otra cosa, ella me daba la mano y eso era amor"

Mario Benedetti (La tregua)

Por eso, porque existe una conciencia colectiva, es importante estar en paz con uno mismo. No solo por el bien propio, sino por la influencia que esto puede tener en los demás. Desde la gente más cercana a nosotros, como nuestros compañeros del trabajo o la familia, hasta otras personas más alejadas.

Unos encontrarán la paz, la serenidad y la aceptación que mejorará su mundo en la meditación, y otros lo harán en prácticas completamente diferentes. Aquí en Cuba, rodeada de artistas, veo que cada uno de ellos encuentra la paz y serenidad en sus cosas. Yram montando videos, Yanellis viviendo su parte más creativa en todos lados, el Photoshop, la cocina o sus dibujos; Francis entre sus pinceles, Damarys cosiendo o Pedro buceando. Cada uno con sus cosas o con su mezcla de cosas.

Uno de los aspectos que siempre me ha llamado la atención de Cuba es la cantidad de tiempo disponible. Probablemente el tiempo pasa de forma distinta en cada lugar del mundo, los días no duran 24 horas en cualquier lado. Recuerdo que en Madrid los días pasaban muy deprisa. Se escurrían entre los traslados, los atascos, y el trabajo. En Mallorca quizás pasa un poco más despacio, en invierno más que en verano.

Pero en Cuba el tiempo pasa maravillosamente lento. Cierto es que la vida tiene su componente complicado, pero las personas tienen tiempo de estar con su familia, dedicarse a sus aficiones y vivir despacio.

Quizás por eso no necesiten recurrir como nosotros al yoga, o a la meditación, porque su hábitat ya les permite vivir una vida en paz consigo mismos, en total y absoluta sincronía con la más esplendorosa naturaleza.

Por eso mi deseo es pasar una parte del año aquí, para que el tiempo que viva pase más despacio, rodeada de esta maravillosa gente y de esta rica tierra.

EL SILENCIO
que quema el alma

*"Le rogó a Dios que le concediera al menos un
instante para que él no se fuera sin saber cuánto
lo había querido por encima de las dudas
de ambos, y sintió un apremio irresistible de
empezar la vida con él otra vez desde el principio
para decirse todo lo que se les quedó sin decir, y
volver a hacer bien cualquier cosa que hubieran
hecho mal en el pasado. Pero tuvo que rendirse
ante la intransigencia de la muerte"*

**Gabriel García Márquez
(El amor en los tiempos del cólera)**

Creo que no hay ningún libro que yo haya escrito hasta el momento en el que no hable de decir lo que sentimos. Quizás porque durante un tiempo tuve tanto miedo de expresar a los demás lo que sentía, que cuando descubrí que si lo hacía no solo no se hundía el mundo, sino que el mundo era aún mucho mejor, fue para mí una grata sorpresa.

Un dicho popular dice que "uno es dueño de lo que calla y esclavo de lo que habla". Quizás esa frase es aplicable a rumores, pero en lo que a sentimientos se refiere no podría ir peor encaminada.

Ojalá hubiera tenido el coraje de expresar mis sentimientos

Según Bronnie Ware este es otros de los ojalás que la gente pronuncia antes de su último aliento. Ojalá hubiera dicho lo que sentía.

Muchas personas temen expresar lo que sienten. Las emociones son penalizadas en la infancia: "no llores", "¿qué va a pensar la gente de ti si te ve llorar?". Pero no solo el llanto, sino también la felicidad y la alegría son penalizadas en la infancia: "¿Quieres estarte quieto y portarte bien?", "no hagas tanto ruido". Luego llega la adolescencia, cuando parece que el único amor posible es el que es correspondido, y que es pecado sentir algo por alguien que no siente algo por ti. Por lo que no dices lo que sientes hasta que te has asegurado completamente de que lo que sientes es correspondido. De otro modo eso te haría parecer vulnerable, y tú eres fuerte. No hay otra.

Lo he comprobado una y otra vez, no solo conmigo misma, sino con mis clientes. Cuando tienen el coraje de decir lo que sienten, sobre todo después de haberlo callado durante largos periodos de tiempo, lo que sienten es un gran alivio, incluso cuando la respuesta no es la esperada.

Pero el "miedo" a decir lo que sentimos no solo lo encontramos en ecosistemas de pareja, sino también en familias. Padres que son incapaces de decir "te quiero" a sus hijos o hijos a sus padres. Algunos no lo han dicho jamás, no tienen costumbre, no saben decirlo, nadie les enseñó. Otros sabían decirlo cuando sus hijos eran pequeños, o si no sabían decirlo sí sabían demostrarlo, pero luego sus hijos crecieron, se convirtieron primero en adolescentes, y luego en adultos, y esos padres, que babeaban por sus hijos cuando estos eran niños, jamás aprendieron otra forma de comunicarse.

Y lo sienten, en lo más profundo de sus corazones, pero lo que tienen los "te quiero" no dichos es que queman en el alma.

Hace poco vi una imagen en redes sociales de una niña susurrando a su abuelo al oído: "Abuelo, si hubiera sabido que te ibas te hubiera dicho te quiero". Y cuando la vi monté en cólera (sí, me pasa a veces, sola, en mi despacho, cuando leo chorradas como esa). ¿Cómo que si hubiera sabido que te ibas? ¿Pero por qué? ¿Tenías que saber que se iba?¿Tu abuelo no merecía un te quiero sin necesidad de tener que morirse para que se lo dijeras?¿Pero qué mundo es este?¿A dónde hemos llegado que alguien pone una frase así en las redes sociales y todo el mundo dice "ooooh" y nadie monta en cólera como yo?

Si buceas en internet encontrarás miles de cartas emotivas de personas que despiden a alguien que ya murió. No tuvieron coraje de decir esas palabras a la persona que tenían al lado. Tuvieron vergüenza, no pudieron, y luego lo publican en internet para que todo el mundo lo sepa, o para que vuele al viento. Nietos, hijos e incluso padres se lamentan de los abrazos que no dieron, o de los "te quiero" que no dijeron.

Y ahora te invito a pensar, ¿a quién más has querido que ya no esté en tu vida?, ¿quizás un abuelo o un padre o un amigo? Si tuvieras ahora un momento, 10 segundos para estar con él una vez más, o un minuto, ¿qué harías?, ¿qué le dirías? Piensa, piénsalo solo unos segundos, yo te espero...

...

...

...

...

No me lo digas, creo que lo sé. ¿Es posible que fuera un abrazo, un beso y/o un te quiero? Pues a qué estás esperando. Ahora que lo tienes cerca, dáselos, y en un momento, cuando vuelvas a abrir los ojos, levántate y mira a tu alrededor. Tú morirás, toda tu familia morirá, tus amigos morirán, tus hijos morirán, tu pareja morirá. Todos moriréis. Si como la niña del abuelo necesitas saber que se van a ir para decir te quiero, ya te lo digo yo. Todos se irán. Tú también. Ahora ya no puedes decir eso de "si lo hubiera sabido", ahora ya lo sabes. No tienes excusa. Dilo ahora.

Y si aún no me crees, si aún crees que tienes todo el tiempo por delante, aunque creas que lo tienes, nunca más volverás a pasar por aquí, por este mismo preciso instante. Ahora está aquí, y este momento ya se fue.

¿Cuántos ojalá te hubiera dicho que te quiero tienes a tu alrededor? ¿Cuántos te quieros te queman el alma y mueren antes de cruzar tus labios?

"¡Ah de la vida!"... ¿Nadie me responde?
¡Aquí de los antaños que he vivido!
La Fortuna mis tiempos ha mordido;
las Horas mi locura las esconde.
¡Que sin poder saber cómo ni a dónde
la salud y la edad se hayan huido!
Falta la vida, asiste lo vivido,
y no hay calamidad que no me ronde.
Ayer se fue; mañana no ha llegado;
hoy se está yendo sin parar un punto:
soy un fue, y un será, y un es cansado.
En el hoy y mañana y ayer, junto
pañales y mortaja, y he quedado
presentes sucesiones de difunto.

Quevedo, Parnaso Español

GRACIAS
es una palabra mágica

*"La felicidad no es lo que nos hace agradecidos
sino la gratitud es lo que nos hace felices"*

David Steindl-Rast

Mi hija tiene en estos momentos 3 años. Hace ya mucho, mucho tiempo, tendría ella año y medio o 2 años, un día subimos a la azotea a tender la ropa. No sé por qué motivo, nos paramos arriba en el último escalón y estuvimos hablando un rato. Ella con su lengua de trapo y yo ni siquiera recuerdo qué le conté o qué le canté. Cada vez que pasamos por allí ella quiere que nos sentemos a hablar como aquella vez. Algo a lo que yo no di nunca importancia para ella fue la bomba, y se le ha quedado grabado en la memoria. Quizás si a ella le preguntaran qué agradece del tiempo conmigo o qué momento recuerda, diría que fue el día del escalón.

Las cartas que encontramos en internet lamentando lo que no dijeron a sus muertos, o las que mis clientes escriben después de la marcha, están llenas de agradecimientos. Y ningún agradecimiento es "gracias papá por comprarme un coche". Los agradecimientos son por tiempo, por miradas, por sonrisas, por cuentos, por historias, por aprendizajes. La gente agradece que le hayan enseñado a ser fuerte, que hayan estado orgullosos de ellos, el tiempo que pasaron leyendo juntos, enseñando a montar en bicicleta o en zancos. Las risas compartidas, aquellas vacaciones, el haberte sentido cuidado cuando te subían en brazos a la cama porque estabas dormido, haberte enseñado cosas de la vida, los consejos dados, la preocupación por ti...

Los agradecimientos silenciados queman exactamente igual que los te quieros no pronunciados. Alguien se va y nunca le dijiste gracias, mirándole a las ojos con amor, con tiempo para procesar.

¿Pero qué pasa con los agradecimientos pronunciados? Gracias es una palabra mágica, y si no, pruébalo.

Ejercicio 1: te invito a mirar a tu alrededor, busca a alguien, un amigo, un familiar, un compañero de trabajo, piensa por un segundo qué te aporta en tu vida esa persona. Si no te aporta nada, no pasa nada, pasa al siguiente hasta que encuentres a alguien. Ve, y dale las gracias por eso que te ofrece en tu vida. Si puedes cógele las manos mientras se lo dices, mírale a los ojos, y dale las gracias despacio, disfrutando de cada palabra. Observa cómo te sientes tú, o cómo cambia la expresión de la persona a la que estás agradeciendo. Cuando hayas terminado, espera a ver que pasa, o regala un abrazo.

Ejercicio 2: busca a alguien realmente importante en tu vida e imagina que esa persona desaparece de tu vida para siempre. Incluso siente la pena de la pérdida. Ahora que aún estás a tiempo, ¿qué quieres decirle? ¿Qué te arrepentirías de no haberle dicho si jamás lo volvieras a ver a partir de ahora? Ves y díselo siguiendo el mismo procedimiento de la vez anterior.

Ejercicio 3: te invito otra vez a mirar a tu alrededor, pero ahora las cosas que tienes en tu vida. Quizás un techo, la brisa acariciándote la cara, un plato de comida, una cama confortable, una familia, alguien que te quiere, un trabajo, unos calcetines, el haber conocido a alguien, el estar vivo, el café que te has tomado esta mañana, la compañía. Cuando hayas elegido, una o varias cosas, siente el agradecimiento por eso que está en tu vida. Siéntelo y observa la sensación que tienes en tu cuerpo, ¿cómo se manifiesta el agradecimiento en ti?

Ejercicio 4: ¿qué tal un cuaderno de agradecimientos? Coge un cuaderno y en él escribe diariamente las cosas por las que estar agradecido de ese día. Seguro que incluso en el peor de los casos siempre hay algo por lo que sentirse agradecido. En mi caso, en los peores días, como mínimo, siempre encuentro algo nuevo que haya aprendido.

¿Cuántas veces agradecemos lo mucho que tenemos? Poder respirar, dormir en una cama, las sonrisas de nuestros hijos, incluso sus llantos; nuestra salud, la comida que disfrutamos, el poder dormir bajo un techo, el calor del hogar... ¿Por qué a veces tiene que venir algo a amenazar nuestros tesoros más preciados para poder apreciarlos?

Ejercicio 5: crea un pequeño altar en tu casa, es tan fácil como una velita y dos piedras, o una estatuilla, una fuentecita de estas con agua. No sé, lo que tú quieras que para ti simbolice la vida, o lo que tú quieras que para ti sea especial. Busca un momento del día importante para ti. Para algunos es a primera hora de la mañana, para otros por la noche. Pon música si lo necesitas y dedica un minuto, un solo minuto al día a sentirte agradecido por todo lo que tienes en tu vida.

Vive en el amor

Vivir el agradecimiento en nuestras vidas hace que nuestro foco se centre en las cosas buenas que nos rodean, y que nuestra capacidad de amor se multiplique aún más. Y que, además, podamos soltar al viento las palabras que, de quedarse atrapadas en nuestro interior, con el tiempo quemarán.

Cierto es que a veces la vida nos pone duras pruebas, pero incluso así siempre hay algo que aprender de ello, y algo por lo que estar agradecido.

También encontramos en nuestro camino a personas que no nos lo ponen nada fácil. Pero nadie es malo por voluntad propia. La maldad es producto de nuestra vida pasada, de nuestro dolor, de nuestra frustración, o quizás de una infancia en la que no se aprendió a amar por falta de amor. Pero dentro de cada uno de nosotros tenemos la capacidad de amor. El de verdad, el incondicional, el que escucha sin juzgar y sin pedir nada a cambio. Hace tiempo que aprendí a ponerme en los zapatos del otro, a ponerme en su piel: en su casa, con su cuerpo, con sus padres, y que me pasan las mismas cosas que a la otra persona. Y pienso: "Si yo hubiese vivido todo eso, ¿cómo actuaría?. Es a partir de este momento, cuando aprendes a empatizar, cuando llega el perdón y el entendimiento, incluso cuando no quieres a esa persona en tu vida, al menos puedes entenderla.

QUIEN CAMINA
a nuestro lado...

"Tú tienes tu camino. Yo tengo mi camino. En cuanto al camino correcto y único, es algo que no existe"

Friedrich Nietzsche

Somos lo que somos por cada una de las personas que se han cruzado en nuestra vida. Por las que nos han hecho reír, por las que nos han hecho llorar, por las que hemos querido, o las que hemos odiado.

Pero es difícil que alguien nos acompañe para siempre. Si las cosas salen según lo esperado lo más probable es que tus padres se vayan antes que tú, que tus hijos lleguen cuando seas una persona adulta y que se mueran después de ti. Irás recopilando amigos a lo largo de tu vida, en la escuela, en la enseñanza secundaria, en la universidad, en los distintos trabajos, en tu barrio, o los amigos de tus parejas.

Si tienes hijos crecerán y lo normal es que vuelen, que hagan su vida; algunos podrán hacerla cerca de ti, otros volarán lejos.

Y la gente irá y vendrá de tu vida, y te alegrarás de ver a quien hacía tiempo que no veías, y sentirás despedirte de la gente que quieres, y los echarás de menos. Algunos los verás una vez al año, en Navidad, o en las fiestas del pueblo; con otros es posible que los encuentros se vayan espaciando en el tiempo hasta que acaban desapareciendo para siempre.

Mi amigo José Colomar me dijo hace tiempo que él creía que los amigos eran los que andaban a tu lado. Pero los que lo hacían en ese momento preciso de tu vida, sabiendo que quizás ellos no serán los que andarán a tu lado el mes que viene, o el próximo año. Cuando me lo dijo, su creencia me causó mucha paz porque las distintas mudanzas me habían dejado desubicada, teniendo amigos esparcidos en todos lados y sin poder estar en todos los sitios en los que hubiera necesitado estar.

Desde entonces, en vez de ver a las personas como "inamovibles" en mi vida, de tener amigos y parejas queriéndolos con la inmadurez de una adolescente que piensa que todo lo que hay en su vida va a ser "para siempre", abro las puertas de mi casa a quien esté en ese momento, para que entre las veces que quiera y para que se vaya cuando su camino no coincida con el mío. Y para que vuelva cuando lo desee.

La relación perfectamente imperfecta

Miro a Jorge, mi marido. Está en la calle vigilando a los niños mientras va hablando con los vecinos. Le quiero, no le quiero igual que cuando le conocí, ni que cuando me casé, ni cuando tuvimos a Miguel, ni cuando tuvimos a Carmen. Creo que en estos últimos 10 años he inventado por lo menos 3.650 formas distintas de quererle.

Siempre pensamos que las relaciones son para siempre, pero las relaciones también acaban. Algunas acaban con la muerte. Otras en cualquier momento. Pero las peores son las que, habiendo llegado a su fin, no terminan. Aquellas que aguantamos año tras año, a fuerza de rutina, de costumbre, de pereza de no afrontar lo difícil que es terminar con una relación.

Pero yo sigo eligiendo estar con él porque sigo recibiendo muchísimo más de lo que doy, porque le quiero, le deseo, porque me río, porque sé que me quiere, porque está simplemente ahí. Ha sido un buen compañero, y lo sigue siendo. Le digo muchas veces que le quiero, pero me pregunto ¿qué cambiaría si fuese consciente del final, de que nuestro tiempo juntos es finito?, ¿de que quizás mañana ya no me quiera? ¿de que no me elija para seguir siendo su compañera?

Me gusta sentir que nuestro tiempo es finito mientras le miro. Me imagino que solo me queda un día, unas horas o esta semana junto a él y soy capaz de sentir aún más amor. Amor por todo lo que hemos pasado juntos, agradecimiento por nuestros hijos, y de repente se me olvida todo lo que no me gusta. Se me olvidan sus refunfuños cuando se levanta por la mañana y hace frío, o su costumbre de poner música rock a todo volumen mientras da martillazos en el garaje. Se me olvida todo lo que me molesta y solo me acuerdo de lo que me gusta, porque el amor infinito de la conciencia de lo finito hace que mi foco solo se concentre en lo verdaderamente importante.

Me gusta quererle así, sin apego, sin posesión, sabiendo que no es mío y que solo está ahí ahora, en estos momentos, porque camina a mi lado. Sabiendo que los dos somos libres para hacer lo que queramos con nuestras vidas y que si hoy estamos aquí juntos es porque ambos lo hemos decidido.

Me levanto y le abrazo muy fuerte; a él no le extraña, piensa que es un abrazo normal, de esos inconscientes que se dan, sin imaginar cuánto amor siento en mi corazón en esos momentos. Se limita a devolver el gesto acariciándome suavemente un brazo mientras sigue vigilando a los niños y saludando a la gente que va pasando por la calle.

Ser buenos padres

Una de las cosas en las que pensó Ric Elias después de salvarse de la muerte en el vuelo que aterrizó en el Río Hudson fue que a partir de ese momento quería ser buen padre. No hay nada más fugaz que los hijos. Esos seres que nacen de tu cuerpo, que consiguen que sientas un amor infinito al que jamás de los jamases hubieses imaginado que podrías llegar.

Los que consiguen hacernos más fuertes que nunca, los que sacan lo mejor de ti, lo peor, tus palabras más dulces, tus gritos. Ellos sí que son fugaces porque cambian día a día delante de nuestros ojos y solo tenemos apenas un instante para quererlos como son ahora. Miro a Miguel y a Carmen y tengo que hacer un esfuerzo para recordar cuando eran bebés porque ya solo puedo verlos tal cual son hoy. Y nunca más volverán a ser como en este instante, nunca volverá a ser la Navidad de los 5 años de Miguel, ni la de los 3 de Carmen, porque cambian día a día.

Si pudiera darme un paseo por el pasado, volvería a la primera vez que tuve en brazos a Miguel; la primera vez que entramos a casa con él en brazos, en la buhardilla de Madrid; a los paseos por El Retiro cuando era un bebé. Volvería al día que dio su primer paso, o a aquella mañana, cuando ya estaba embarazada de Carmen, en la que dormía con él en la cama. O volvería al día que crucé el paso de cebra del hospital, el de las Ramblas, con Carmen en brazos y lágrimas de agradecimiento por poder salir del hospital con mi hija viva tras haber superado una cesárea difícil; volvería a aquellas noches con ella en brazos en el sofá, a sus gorgoritos mientras yo doblaba ropa.

Pero esos ya no son mis hijos, ya no puedo pasearme por esos días, eso ya pasó, y yo lo sabía. Siempre lo supe, siempre supe que era fugaz, por lo que entonces intentaba absorber cada momento. Pero ahora esto a veces se me olvida porque requieren otro tipo de atención que no me resulta tan fácil como cuando eran bebés.

Pero este tiempo, el de ahora, también es fugaz, y a veces estoy tan cansada que ya no me acuerdo de que este instante también pasará, y que probablemente será el que ellos recordarán. Como el escalón de Carmen.

Ellos no lo recordarán todo, solo recordarán algunas cosas, pero yo no sé cual es el momento que elegirán recordar, qué madre de todas las que soy yo permanecerá en su memoria. ¿Será quizás la que les cuenta cuentos por la noche?, ¿o la que les riñe cuando encuentra todos los juguetes esparcidos por el suelo?, ¿la que juega con ellos a hacer burbujas de jabón en la bañera o la que les dice que no tiene tiempo de jugar porque tiene trabajo, o porque no le apetece? Porque yo soy todas esas madres, pero ellos solo recordarán una, la que elijan recordar de todas las que soy.

Si hoy fuese mi último día elegiría pasar todo el tiempo con ellos y haría todo lo que quisieran. Eso me haría feliz porque, verlos felices, absorber toda su presencia para llevármela bien lejos, sería lo que elegiría por hacer el último día de mi vida. Y, sin embargo, creyendo que me quedan infinitos días a su lado, estoy aquí escribiendo en vez de estar jugando con ellos, mirándolos y conociéndolos más.

Porque aunque mi vida no acabe, probablemente dentro de unos años ya no querrán jugar conmigo, ni dormir conmigo. El tiempo con mis hijos es más finito que ningún otro tiempo porque ellos son distintos cada día.

Si mi vida acaba me gustaría dejarles mi mensaje, y si no estoy tiempo con ellos no podré hacerlo. Quiero que sepan, que graben a fuego en sus almas, que pueden tener la vida que quieran, que no se rindan, que vivan vidas bien vividas, que persigan sus sueños, que son mágicos, que son capaces de conseguir lo que se propongan, que se lo merecen, que son únicos, especiales, que les quiero y que son lo mejor de mi vida. Y eso solo se graba a fuego si uno se encarga de decirlo muchas veces, de demostrarlo muchas más, y de hacer que lo sientan desde su más tierna infancia. Y para eso hace falta tiempo. Como los buenos guisos, esto solo se consigue a fuego lento.

Ojalá me hubiera quedado más tiempo con mi madre

"Cuando murió mi padre yo vivía en otra ciudad. Trabajaba muchísimo, tenía una nueva pareja, hijos pequeños. En aquel momento me había separado hacía poco y no quería quitarles poder adquisitivo a mis hijos, por lo que trabajaba todas las horas que podía para ganar dinero.

Solo pude ir yo al funeral de mi padre, trasladarnos todos en aquel entonces era para mí una operación titánica equiparable al desembarco de Normandía.

También fueron mis hermanos, pero ellos también vivían fuera, y se fueron enseguida. Yo me quedé dos días más para ayudar en los trámites y en las cosas que necesitara mi madre. Ella me pidió que me quedara unos días más, pero yo sentí que tenía que atender a mis hijos, a mi trabajo, y a toda la nueva vida que estaba creando.

Le dije que no. En aquel momento, en mi juventud, no fui consciente de la magnitud de su pérdida. Ella fue una gran madre, responsable de nosotros, siempre atenta a lo que hacía falta. Mi padre era en cambio pura energía, alegría y vitalidad. Con su muerte no solo se fue su pareja, y el padre de sus hijos, sino que se fue también todo aquello que era mi padre en su vida. Después de tantos años de matrimonio, cuando pierdes a una pareja, no solo la pierdes a ella, sino todo lo que ella es en tu vida, y mi padre cuando se fue se llevó también todo eso.

Ahora, con la edad, al acercarme a la edad en la que ella perdió a mi padre, siento que debió sentirse muy sola. Después de haber criado a sus hijos, esforzarse por todos, cuidar a mi padre... a los dos días se quedó totalmente sola en una ciudad que ni siquiera era su ciudad natal.

Si pudiera elegir un solo día para volver atrás, elegiría ese. Y ese día no dejaría que mis obligaciones del día a día me apartaran de la vida de mi madre. Me quedaría con ella unos días más, ayudándola a atravesar esa puerta, suavizando su camino para que entrara en esa nueva etapa de su vida más fortalecida y sintiéndose arropada de su hija y rodeada de amor"

MJM, 64 años.

Mantenerte cerca de tus amigos

Este es el cuarto ojalá de Bronnie Ware: "Ojalá me hubiera mantenido en contacto con mis amigos".

A lo largo de mi vida siempre he estado rodeada de muy buenos amigos, no puedo quejarme. Pero como decía un poco antes, no siempre han permanecido los mismos a mi lado. Me ha costado mucho asumir que esto ocurre, pero ha pasado. Siempre he seguido en contacto con muchos de ellos, pero vivir en tantas ciudades ha hecho que sienta que tengo el corazón dividido, y que de muchos siga las andanzas por las redes sociales, y mediante conversaciones a larga distancia.

De algunos me he distanciado por motivos geográficos, de otros por circunstancias de la vida, o por tener mucho trabajo, o por tener hijos. Como en las rupturas, hay algunos amigos a los que pierdes cuando tienes hijos, cuando ya no te apetece salir de copas, cuando prefieres quedarte meciendo a tus hijos antes que salir a cenar con ellos. Entonces, con el tiempo, dejas de formar parte de sus vidas.

Porque la amistad se forja con muchos momentos, y cuando muchos momentos dejan de compartirse entonces la amistad se convierte en otra cosa distinta. Pero sigue quedando ese amor en los posos del vaso, esa sensación cuando vuelves a hablar con ellos que te hace sentir que el tiempo que habéis estado separados no ha significado nada. Ese es para mí el amor de la amistad de verdad.

De otros amigos, de otras personas, he decidido alejarme porque no era una relación equilibrada, o porque quizás simplemente estaba mejor sin ellos. Recuerdo algunos de esos momentos como dolorosos, pero sabios. A veces, cuando algo no llena, es mejor dejarlo atrás.

Otros simplemente los he perdido por el camino, y cuando los encuentro, cuando me siento con ellos, los siento como desconocidos, como si nunca hubiéramos compartido un espacio en nuestra vida, como si los que tengo delante no fueran los mismos que estuvieron conmigo en el pasado. Es posible que sea yo la que no es la misma. O probablemente un poco de ambas cosas: los dos hemos ido evolucionando hacia direcciones distintas y ni la otra persona ni yo somos los mismos que cuando fuimos amigos..

Amigo es aquel que camina a tu lado. El que está para compartir tus alegrías en el momento presente, y para recoger tus pedazos cuando la vida te da uno de esos mazazos que tiene costumbre dar; para que tengas la oportunidad de ser un poco más sabio, para que puedas reinventarte una vez más.

Más allá de la amistad

Estos días que hemos estado en Trinidad he podido comprobar que el tema de los taxis se ha puesto fatal. Se nota mucho el cambio, una Trinidad floreciente, pero esto ha hecho que los taxis brillen por su ausencia, que sean carísimos y que moverse de un sitio a otro en esta ciudad, y en Cuba en general, se haya convertido en algo parecido a misión imposible.

La casa de Yram y Yenellys está lejos del centro. Andando, con dos niños pequeños, se hace un poco largo, pero como hace tiempo que no nos vemos y los niños juegan con otros niños de la finca, a veces nos quedamos hasta bien entrada la noche, hasta después de la cena. Me encanta sentarme con Yenellys y hablar con ella mientras cocina y limpia. Desde su ventana se ve el horizonte y la puesta de sol, e incluso a veces se otea el mar. El fresco que entra por la puerta es muy agradable. Su encimera es de baldosas blancas y a ella le gusta tenerla inmaculada. Me encanta ver cómo la limpia, una y otra vez, sabiendo que la encimera es como su corazón, blanco, sencillo, limpio, con cada amor en su sitio.

Siempre he dicho que si un día soy millonaria, contrataré a Yenellys para que sea mi vecina. Esa a quien contarle las penas cuando llegas cansada, la que te deja la tacita de sal, o a la que le puedes decir vigílame los niños un momento que me voy a bañar. Cuando se lo digo, ella se pone pensativa y me dice que quizás debería empezar a pensar si cobrarle a los vecinos actuales, así se sacaría un sueldo aparte.

Hablando de todo lo que teníamos pendiente en cuatro años nos pasan las horas, y cuando tenemos que regresar a la casa en la que nos alojamos, es imposible encontrar un taxi. Después de haberlo intentado y no haberlo conseguido, Yram coge el teléfono y llama a Modesto, que llega con su coche en menos de cinco minutos. Modesto es el hijo de Pedro.

Tengo mucho olfato para las emociones, y detecto algo especial, diferente, entre Yram y Modesto.

Pedro es amigo de Yram de toda la vida, desde que eran niños. Ellos son de un pueblo que se llama Manicaragua, pero ahora viven los dos en Trinidad con sus respectivas familias.

Pedro siempre me lleva a bucear en Cuba. Es la única persona con quien buceo en el mundo porque tengo confianza plena en él, me hace sentir segura. Además me hace reír mucho. Me lleva a sitios increíbles y en esos momentos siento que fluyo con la vida. Cuando voy a Cuba me encanta verle y sentir, como con los demás, que es como si no hubiera pasado el tiempo.

Modesto nos ha recogido ya varias noches y se niega a cobrarnos nada, ni acepta ningún regalo por nuestra parte. Le intentamos pagar algo por las molestias y nos tira el dinero por la ventana y se va rápidamente en su coche.

Nos quejamos a Yram de que Modesto no quiere aceptar nuestro dinero, e Yram, que es un llorica como yo, se emociona. Pienso que aquí hay gato encerrado y, como soy súper cotilla, especialmente en las cosas del amor, no me voy sin ver de qué color es el gato.

Cojo una cerveza para mí y para Yram y le acorralo en un rincón de la blanca encimera de su cocina.

—"¿Por qué Modesto no nos quiere cobrar nada?¿Por qué os queréis tanto? ¿Qué ha pasado aquí? O me lo cuentas, o saco la botella de ron para soltarte la lengua, y sabes que cumpliré mi amenaza y que con el ron soy implacable".

Al final me lo cuenta entre sollozos, suyos al principio, míos y suyos al poco tiempo. Cada par de palabras se turna la respiración intercalando un orificio y otro de la nariz para no llorar, tal como ha enseñado a mi hijo que uno hace cuando no puede contener las lágrimas. Yram es un sabio que ha venido a este mundo para hacer magia con los niños.

Modesto ha crecido en el mar, casi nació con las aletas puestas, y lleva toda la vida pescando y buceando con su padre, y muchas otras veces con Yram. Sentir que el agua es su hábitat habitual le lleva a veces a creerse que es uno con el mar, y que quizás no necesita salir a la superficie a respirar. Uno de esos días, haciendo pesca submarina, llevó al límite la capacidad del oxígeno de sus pulmones y tuvo un *black out*.

Cuando Yram, que ya estaba en la superficie, miró hacia abajo, vio a Modesto suspendido y desmayado flotando a media altura. Bajó rápidamente y lo sacó, y, como pudo, como supo, sacando fuerzas de donde no tenía, con los plomos puestos, cargando a Modesto en brazos que también llevaba plomos, lo reanimó en medio del mar.

Hubo varios desmayos más, varias reanimaciones, calambres en las piernas, fuerzas extenuadas, vómitos de agua y de sangre, pero al final todo salió bien. Y se llevaron el pescado que habían conseguido ese día, aunque Modesto acabase en el hospital.

Pero después de esta experiencia, todo será distinto para siempre entre ellos. Cuando has estado tan cerca de perder a un amigo, al hijo de un amigo, cuando tu amigo salva a tu hijo, cuando todo está bien, cuando hubiese podido no estarlo... nace un sentimiento, un amor diferente que probablemente une más allá de la amistad, más allá del amor, del agradecimiento, de la solidaridad, de "es el hijo de mi amigo", de "no sé como agradecerte que estuvieras allí aquel día, que estés aquí hoy". Más allá de muchas cosas que no pueden explicarse con palabras.

Y repito otra vez, ¿por qué no podemos disfrutar del amor como el de Modesto, Yram y Pedro sin estar tan cerca de perderlo todo? ¿Cómo podemos conectar con ese amor que ellos tendrán para siempre y, si hay más vidas, más allá de esta vida?

A veces simplemente es cuestión de parar, de mirar, de sentir que el presente es solo un instante en el tiempo, y de encontrar ese sentimiento que existe y que lo cambia todo. El amor nos lleva a la generosidad, al agradecimiento, a vivir en un nivel superior, porque es mucho más intenso que cualquier otra cosa.

Conversaciones infinitas

Francis y Jorge, mi marido, son amigos desde su adolescencia. Probablemente llevan 30 años de amistad.

Cuando ellos hablan, y ahora más que no viven geográficamente en el mismo lugar y pasan meses, e incluso en alguna ocasión años, sin verse, el mundo deja de existir. Hablan de su gente, de cotilleos, de lugares, de música, de filosofía, de vida, de muerte, de cómo ven el mundo, de lo que han aprendido y de lo que les queda por aprender. Cualquier tema es interesante para ellos, pueden estar deliberando durante horas sobre cualquier cosa, y son incansables. Recuerdo una de las veces que vinimos a Cuba, me fui a dormir una noche y los dejé hablando afuera en el porche. Al levantarme al día siguiente los encontré en el mismo sitio hablando aún, como si hubieran pasado solo unos minutos.

La mujer de Francis, Damaris, y yo hablamos mientras tanto y ella me obsequia constantemente con regalos para mí, o para mis hijos, o me enseña sus recetas. Su generosidad siempre me sorprende, a mí y a todas las personas a las que he recomendado que pasaran por su casa y que afirman que lo mejor de Cuba son mis amigos.

Si les observas desde lejos, si te fijas bien, puedes ver cómo las auras de Jorge y de Francis se juntan convirtiéndose en una sola, cómo sus energías fluyen y confluyen porque, en esos momentos, cuando conversan, viven en su mundo, único, perfecto, mágico e infranqueable.

A mí me encanta verlos, me contagian su amor, su magia y se ganan mi respeto. Sé que mientras vivan nada les separará, y que seguirán manteniendo esas conversaciones todos los días que puedan durante el resto de sus vidas. Me los imagino envejeciendo, sentados en el portal, riéndose y hablando como lo hacen ahora y como llevan haciéndolo los últimos 30 años.

Me imagino a mí observando, disfrutando de esa magia, viendo crecer y madurar a los hijos de todos. Melisa, la hija de Francis, será lo que quiera ser; va a empezar filosofía en la universidad. Guille y los nuestros quién sabe. Aún es pronto. Los veo entrando y saliendo, comiendo, riendo y compartiendo con nosotros. Tropezando, desaprendiendo y aprendiendo, madurando, creciendo y encontrando su camino. Me imagino sintiendo que son parte de mi vida, que sigo siendo parte de la mía. Qué suerte que nada me impidió hacer este viaje, que los encontré a todos.

La comunión de las almas

Todos a nuestro alrededor tenemos amigos a los que queremos más y con los que compartimos más cosas que con algunos familiares. Algunos tenemos familiares a los que no vemos jamás. Incluso hay personas que llevan años sin verse con sus hermanos.

La sangre es importante, pero no lo es todo en absoluto. Hay veces en que se produce una comunión de almas que pone de relieve que con algunas personas hay algo especial que va mucho más allá del cariño producido por el roce.

Esa magia, esa chispa, ese algo se produce a veces con el tiempo, pero hay otras que salta en los primeros minutos de conocer a alguien. Seguro que te ha pasado, empezar a hablar con alguien desconocido y sentir como si conocieras a esa persona de toda la vida, sentir como si estuvieras en casa, como si todo estuviera bien, como si tú pudieras ser en ese momento más tú que nunca.

Según Brian Weiss esto es debido a que esas dos personas estuvieron juntas en otra vida. Por el motivo que sea, hay personas en el mundo que no deben dejarse escapar, que tenemos que cuidar que permanezcan a nuestro lado, sean o no familia.

Quizás exista la distancia geográfica, como existe entre Francis y Jorge. Quizás las etapas vitales sean diferentes, las necesidades diferentes, quizás en este momento no podamos estar juntos, o esas personas no puedan caminar a tu lado; pero cuando se ha producido esa magia siempre queda ese remanente, esa riqueza que te ha dejado esa persona.

Da igual si siempre eres tú el que llamas, aunque sea dos veces al año; da igual si es solo un email, o una llamada, o un cómo estás. No la dejes escapar, no dejes que en tu lecho de muerte te acuerdes de esa persona y pienses: "¿Dónde estará? Ojalá la hubiera llamado, ojalá me hubiera mantenido en contacto".

Incluso si algo te molestó. A veces se rompen amistades por un hecho puntual y se olvida todo lo que quedó atrás, todo el tiempo que pasasteis juntos, todo el tiempo que hubo de amor.

Los secretos de mantener un buen círculo consistente de personas a tu alrededor sobre las que apoyarte no son muchos. Yo creo estar en posesión de la clave, al menos de mi propia clave. Apártate de las personas que te roban energía, o que no te dejan crecer.

De las otras, de esas con las disfrutas, que te valoran, que te aceptan, que te quieren... de esas mantente cerca, perdona las cosas que te hayan podido molestar, normalmente serán cosas sin importancia, olvídate de orgullos y da los pasos necesarios para que la magia siga fluyendo entre ambos. Aunque sea muy de vez en cuando.

Y con los que tengas cerca, regálales tu tiempo y agradece el tiempo que ellos te regalan a ti. Esta es una de las mejores inversiones que puedes hacer en felicidad, en una vida bien vivida. Porque me da a mí que nadie en su lecho de muerte diga: "Ojalá hubiera pasado menos tiempo con las personas a las que quiero".

No permitas que de tu boca salga ese "ojalá", no permitas que el monstruo del día a día consuma la magia de tener un círculo de personas a tu alrededor que te provean de amor, risas y momentos compartidos.

capítulo seis

Y MÁS ALLÁ DEL AMOR ESTÁ LA MAGIA

*"Es la vida, más que la muerte,
la que no tiene límites"*

**Gabriel García Márquez
(El amor en los tiempos del cólera)**

Vivimos en el planeta tierra, un planeta que está dando vueltas alrededor de una estrella, como otros planetas en nuestro sistema solar, que a su vez está en una galaxia, de los miles de millones de galaxias que existen. En nuestro planeta se dieron las condiciones necesarias para que se creara la vida, que evolucionó hasta lo que somos nosotros. Seres con conciencia, con alma, que reflexionan acerca del futuro e intentan comprender su pasado.

Nosotros pensamos y sentimos, pero por dentro estamos formados por un sistema que se autorregula solo. Nuestro corazón, nuestra respiración, nuestras digestiones van solas, nosotros no tenemos que hacer nada para "funcionar". Si no has visto fotos del interior del cuerpo humano, te invito a buscarlas. Hay documentales fantásticos como *"Viaje al interior del Cuerpo Humano"*. Nuestro interior es de una belleza que sobrecoge.

A mí todo esto, por mucho que lo llamen ciencia, me parece magia. ¿Acaso no es magia todo este tinglado que me permite estar aquí y ahora, existiendo, mientras escribo estas palabras?

Aún nos queda mucho por descubrir, miles de especies que aún no conocemos. De Egipto, por ejemplo, quedan por descubrir cuatro quintas partes. ¿Y del universo? ¡Si casi no conocemos nada! Y lo mismo ocurre con el cerebro, el cáncer o el futuro.

Pero es que aún hay más, probablemente hay cosas que descubrir en ámbitos que ni siquiera hemos descubierto aún, que ni siquiera imaginamos que existen, que van mucho más allá de lo que nosotros concebimos. Ahora llaman ciencia a algo que yo considero mágico; quizás algún día lo que hoy consideramos magia lo llamen ciencia.

Todos sabemos que hay magia en nuestra vida también, algo que va mucho más allá de los pensamientos, de las casualidades. Intuiciones, premoniciones, deseos cumplidos que jamás imaginamos que pudieran cumplirse, pensar en alguien que hace tiempo que no vemos y encontrarlo. Hans Berger descubrió el EEG (electroencefalograma) a partir de la evidencia de que el cerebro humano transmite corriente eléctrica. Todo eso lo investigó a raíz de un episodio de telepatía con su hermana.

Para estas cosas encontramos cientos de explicaciones en la física cuántica, o leyes de atracciones que intentan dar respuestas. Sin embargo, mi cerebro se colapsa cuando alguien habla de leyes refiriéndose a algo que para mí es magia y a lo que no se le pueden aplicar normas. Por ejemplo, aquella que dice que si lo que te quieres que te pase no te pasa, es porque no estás aplicando bien las normas. Conozco a grandes personas, personas optimistas, fantásticas, buenas, que viven encantadas con su vida y a las que, sin embargo, les pasan cosas horribles que no pueden explicarse a través de ninguna ley de atracción. Si la ley de atracción existiera, lo que sí puedo asegurar es que no funciona de igual forma con todo el mundo.

Pero sigue habiendo algo mágico en vivir; algo que para mí, por mucho que haya leído al respecto, es difícil encontrar explicación. Cuando uno fluye con el universo, es agradecido, hace el bien y vive el amor, a veces pasan cosas maravillosas. Esto no significa que sea garantía de que no te vayan a ocurrir desgracias. Muchas cosas tristes te seguirán pasando. Seguirás perdiendo a seres queridos, el coche se seguirá estropeando, y las facturas llegando.

Cuando tu espíritu busca el agradecimiento, intenta comprender, quiere aprender de todo lo que te ocurre, entonces tu mirada está focalizada en buscar siempre "algo" positivo a lo que pasa en tu vida, sea lo que sea queesté sucediendo.

LOS PUNTOS SOLO SE PUEDEN UNIR
mirando hacia atrás, no hacia delante

*Caminante, son tus huellas
el camino y nada más;*

*Caminante, no hay camino,
se hace camino al andar.*

*Al andar se hace el camino,
y al volver la vista atrás
se ve la senda que nunca
se ha de volver a pisar.*

*Caminante no hay camino
sino estelas en la mar.*

Antonio Machado (Proverbios y cantares)

A veces, como muchos predican, siento que hemos venido a aprender a este mundo, y el universo se encarga de ponernos las piedras adecuadas en el camino para aprender de ellas. O quizás, simplemente las cosas van pasando, y si nosotros somos lo suficientemente inteligentes, o nuestro instinto de supervivencia es lo suficientemente grande, decidimos aprender a ser felices con lo que sea que nos ha tocado, y lo transformamos en un aprendizaje.

Quizás tenemos un destino trazado y vamos superando las pruebas que ya están decididas desde nuestro nacimiento, o quizás nosotros mismos vamos trazando nuestro destino con las piedras que vamos encontrando en el camino.

Lo que sí es cierto es que, sea lo que sea lo que esté pasando, los puntos solo pueden unirse mirando hacia atrás, no hacia delante. Del discurso de Steve Jobs, esta es una de mis reflexiones preferidas. Claro que él ilustra su explicación con frases brillantes como: "A veces el ladrillo te da en la cabeza, pero eso siempre es por algún motivo".

Desde la primera vez que oí el discurso, esa frase siempre me ha acompañado. Cuando tengo uno de esos grandes momentos, me acuerdo de todo lo que he tenido que pasar para llegar hasta ahí, y me doy cuenta de que hubiera sido imposible no hubiera sufrido un poco. Cuando tengo mal momento pienso en lo que puedo aprender de lo que me está pasando y creo que eso me llevará a un sitio inesperado. Dejo que el ladrillo me dé en la cabeza y sigo andando.

Mi amiga Gemma Martín Sánchez es una gran experta en darle la vuelta a las tortillas. Cuando me pasan cosas que no me gustan, que preferiría que no hubieran pasado, o cuando me siento triste, o no encuentro solución, ella es mi recurso. Cuando llego descorazonada a nuestra cita, hecha un mar de lágrimas, y le cuento lo que me pasa, juntas descubrimos los aspectos positivos de cualquier cosa. Jamás de los jamases hemos terminado ninguna de nuestras citas "clave" sin exclamar un "¡Qué *suelte*!" (sí, decimos suerte con l, no sé por qué, ni me acuerdo, pero ha sido así por lo menos en los últimos 20 años, y decir esa palabra a coro con ella hace que de mi corazón brote solo esperanza).

Por mucho que lo intentes, por mucho que que visualices lo que tú quieres, por muy experto que seas en la ley de atracción y en la física cuántica, en la vida de te pasarán cosas dolorosas. Por mucho que lo desees y por mucho que lo visualices, el camino hacia tus sueños no será jamás por el camino que tú esperabas. Probablemente tendrás que recorrer muchos senderos, volver atrás, hacia adelante, ajustar y volver a ajustar tu brújula para llegar hasta el lugar que quieres.

Pero cada vez que tengas que volver atrás, cada vez que tengas que ajustar, tienes también la opción de rendirte, o de guardar ese aprendizaje, esa experiencia, ese ladrillo en tu mochila, y dejar que un día sea uno de los puntos que decidas unir.

Y pase lo que te pase, puedes pensar que todo está perdido, que jamás volverás a levantar cabeza, o, por el contrario, puedes aprender de la experiencia y extraer algo positivo, pensando que el universo no nos da lo que le pedimos, sino que nos da lo que nos hace falta para aprender y poder dar el siguiente paso.

Y LOS SUEÑOS
se convierten en realidad

"Qué es la vida? Un frenesí.
¿Qué es la vida? Una ilusión,
una sombra, una ficción,
y el mayor bien es pequeño:
que toda la vida es sueño,
y los sueños, sueños son"

Pedro Calderón de la Barca (La Vida es Sueño)

Si miro hacia atrás, hacia la niña que fui, esa niña de 10 años, de familia trabajadora, esa niña que vivía en un pueblo pequeño de una isla pequeña de una España con una democracia recién estrenada, donde todo se veía aún en blanco y negro... no puedo creer cuántas cosas he conseguido desde entonces, y cuántos sueños se han hecho realidad.

Se han hecho realidad sueños que en aquel tiempo ni siquiera me atrevía a soñar, y que pude ir soñando a medida que fui subiendo escalones en escalera de la que hablábamos antes. Y sigo soñando, y sé que muchos de ellos llegarán, que aún están por venir.

Pero también puedo afirmar que ningún sueño ha llegado cuando yo quería, sino mucho después (es lo que tiene ser impaciente). Han llegado en el momento adecuado, en el momento en que yo había aprendido lo necesario para poder manejarlos porque, probablemente, si hubieran llegado antes no habría sabido hacerlo correctamente. Por mucho que yo creyera que estaba preparada, que lo quería ya, que lo necesitaba en ese preciso instante, aún me quedaban cosas por aprender para poder vivir mi sueño de la mejor forma posible.

Tampoco nunca ninguno de esos sueños vino exactamente envuelto en el papel que yo había imaginado. Los sueños, cuando llegan, están hechos de lo que realmente necesitas, que puede no coincidir con lo que habías imaginado. Quizás es incluso mejor, pero distinto.

Sé que cuando consigues soñar de forma que fluyes con la vida y con el amor, el universo se confabula para abrirte las puertas que te llevan al lugar que tú deseas. La primera acción, la más importante de todas, es el acto de soñar. Dejar que tu imaginación vuele y se pose en la esencia de tus sueños, en la temperatura, en los colores, en los sentimientos, en las voces, los sonidos. Que lo vivas en tu imaginación y que disfrutes de haberlo conseguido. Un juego del que no esperas nada.

Sé cómo se hace, aunque no siempre lo consigo y tiene mucho que ver con todo lo que hemos hablado hasta ahora. Un corazón limpio, una vida en paz, agradecimiento por lo que tienes, aprendizaje de todo lo que te pasa y trabajar para repartir sonrisas y amor por cualquier lugar por el que pases.

SIGUE
tu intuición

*"Solo se ve bien con el corazón,
lo esencial es invisible a los ojos"*

Antoine de Saint-Exupéry (El principito)

Todos tenemos episodios mágicos en nuestra vida. Yo la primera. Podría contar cientos de ellos. Desde tener premoniciones de algo que va a pasar en mi vida, a intuiciones que me indican de forma certera el camino que hay que seguir.

No siempre consigo dejarme llevar por la intuición; siempre he tenido este diálogo interno conmigo misma, fruto del entrenamiento cerebral al que fui sometida por vivir en la época de "no sientes solo piensa". Ahora, cada vez más, en cada camino que elijo tengo que esforzarme en sentir en lugar de pensar. Para decidir según mi intuición. Deshaciendo lo aprendido para volver a elegir mis caminos desde los sentimientos.

La intuición no es algo que se escucha, sino que se siente; a veces dura tan solo un instante, pasa por delante de tu mirada para luego esconderse. Si no le haces caso, perdiste tu oportunidad. Otras, en cambio, insiste una y otra vez y revolotea a tu alrededor indicándote cuál es el camino a seguir, queriendo que le cojas la mano.

La intuición solo aparece cuando estás en paz con el mundo, cuando todo está tranquilo. En el momento más inesperado, de repente, aparecen esos destellos de lucidez, y cuando te quedas con eso todas las puertas se abren ante ti.

Es como cuando alguien se está ahogando. La primera reacción es el miedo, poner todo el esfuerzo físico a disposición de sobrevivir, moviendo brazos y piernas lo más rápido posible. La consecuencia es el agotamiento. La segunda reacción es la de la serenidad, la de intentar guardar las fuerzas para resistir al máximo, dejarse llevar por las corrientes mientras buscamos una salida. En la primera reacción solo hay espacio para el instinto; en cambio, en la segunda reacción dejas hueco para pensar, para fluir y por supuesto para la intuición.

En la vida ocurre lo mismo porque si solo vivimos en un espacio de instintos no hay sitio para la intuición. Y la intuición necesita encontrar un camino libre para llegar a nosotros.

Por eso, si buscas una respuesta, deja de luchar y simplemente deja por un instante que te lleven las corrientes mientras recuperas tu paz y lanzas la pregunta al cielo. No temas si la respuesta no llega. Nunca llega enseguida. Vuelve a lanzar las preguntas y déjate fluir. Cuando la intuición encuentre su camino, te iluminará con su resplandor.

Hoy debería ser el final

"Llevábamos 3 meses juntos y acabábamos de hacer el amor. No había sido sexo común, sino una de esas veces en que uno sabe que aquello es especial, en que se produce esa increíble sensación de comunión de los espíritus de cada uno. Todo estaba en silencio, las almas en paz, los cuerpos descansados. El momento perfecto para que la intuición lo encuentre a uno. El silencio necesario para que uno pueda escucharla.

Yo estaba sentado desnudo en la cama, Gilda con su cabeza apoyada en mis rodillas y abrazada a mis piernas. Un mensaje fugaz cruzó mi mente:

"Esta historia debería acabar hoy", y tuve la certeza de que esa era la verdad absoluta. De que eso era lo mejor que podía hacer en aquel momento. Hasta ese momento todo había sido perfecto, pero para ser aún más perfecto, esa historia debería terminar ese día.

Tuve un convencimiento tan absoluto de que mi intuición estaba en lo cierto, que inmediatamente se lo dije de la forma más tierna posible a Gilda. A ella se le humedecieron los ojos e imploró con desesperación: "No, por favor, no lo hagas, no puede terminar aquí, yo te quiero, esto es muy bonito, es para siempre, ¿no te das cuenta?".

Me sobrecogió el corazón y, cuando la tristeza llegó, la intuición echó a volar, y aunque ya tenía la decisión tomada, quise agradar a Gilda, no quise verla triste y le dije que no se pusiera triste, que todo estaba bien.

Esa relación duró 7 años, terminamos los dos exhaustos de luchar por salvar algo que no podía sostenerse, con nuestros corazones destrozados, y tuvimos que construir una vida nueva sobre los escombros que había dejado nuestra vida en común, que fueron muchos.

Hasta ahora creía que no cambiaría nada de mi vida. Que todos los pasos que había dado me habían llevado a ser quien era y estaba muy satisfecho con todas y cada una de mis decisiones. Pero después de que me preguntaras, me vino la mente este momento".

Álex, 47 años.

Las piedras de Santa Lucía

Las piedras de Santa Lucía, como se conocen en mi tierra, son unas piedrecitas con una curiosa forma que se encuentran en las playas. Son las tapas de unas caracolas que se llaman Astraea Rugosa, tal y como me contó mi amiga Juana el día que perdí una apuesta con ella sobre el origen de dichas piedras. Yo siempre había creído que esas piedras eran caracolas que se habían deformado erosionadas por las corrientes marinas.

En Cádiz se llaman orejitas de Zahara, en otros lugares las piedras de la jaqueca, y en otros los Ojos de Santa Lucía. En muchos lugares del mundo se han utilizado para hacer joyas y abalorios, y en muchas culturas son sinónimo de paz, o de amor, o de suerte o de felicidad. En Mallorca, con mi madre, con mi familia, con mis amigas, siempre hemos buscado estas piedrecitas en la playa. De pequeña podía pasar horas buscando.

Yo no sabía nada de ellas, solo que eran bonitas, que se usaban para hacer collares o pendientes, y que a mí me daban suerte. Siempre que pedía un deseo y encontraba una se cumplía lo que había pedido. Y si deseaba algo mucho, mucho, mucho, iba a una de mis playas favoritas, Ses Covetes, a enterrar mi deseo en la arena y a buscar una piedrecita que asegurara que lo que quería se iba a cumplir. Sigo haciéndolo de vez en cuando.

No sé si por piedras, o no, se han cumplido la mayoria de deseos que he tenido en la vida, y los deseos que no se han cumplido han sido porque realmente no me convenían, porque el destino me tenía guardado algo aún mejor. Recuerda, los puntos solo pueden unirse mirando hacia atrás.

El primer día que fui a Playa Ancón recuerdo que me desperté triste y con algo de melancolía. Algunas cosas del viaje no habían salido como yo quería, y sentía cierta nostalgia por circunstancias de los últimos meses.

Hacía dos días que estaba en Trinidad y, aunque me lo había pasado muy bien, sentía que me faltaba algo.

La playa me pareció maravillosa, apenas había nadie y tenía kilómetros de arena blanca y agua cristalina a mis pies. Cuando pasé mis ojos sobre la arena vi una piedra de Santa Lucía, me agaché a recogerla y, de repente, vi otra, y otra, y otra, y otra. Jamás había visto tantas juntas, no hacía falta ni buscarlas, las había a puñados apenas sin moverme del sitio. Eso me hizo sonreír y que se me pasara levemente la tristeza. Recogí algunas y pasé el día en la playa para volver más tarde a Trinidad. Esa tarde cayó una de esas lluvias tropicales de verano que dejan el aire limpio y la tierra oliendo a lluvia. La lluvia es otra de las cosas que siempre me deja sensación de magia, de paz y de que todo es posible.

Por eso, después de la lluvia ya se me habían olvidado las piedras y la tristeza cuando llegué a la escalinata de Trinidad, que estaba llena a rebosar. Esa noche, por primera vez, mis ojos se cruzaron con los de Jorge, el que sería después el padre de mis hijos. Aunque seguimos discutiendo después de más de una década sobre quién se ligó a quién, los dos coincidimos en que la primera vez que nuestras miradas se cruzaron sentimos que habíamos llegado a casa, como si nos conociéramos desde siempre.

Y así fueron los días que siguieron a ese día y a ese viaje. Conocí a los que se han convertido en parte de mi vida, a unos grandes maestros que venían en el lote y que me han acompañado desde entonces. Tienen el poder de llenarme el corazón de amor.

A partir de entonces mi vida ya nunca sería la misma, porque una parte de mí quedó siempre anclada a Cuba. A las blancas playas de Trinidad, a la música que levanta corazones y al verde intenso que puebla las lomas de Fomento; y, sobre todo, a la sabiduría de sus gentes.

Jamás había vuelto a relacionar las piedras de Santa Lucía y ese día hasta hoy, que hemos pasado el día en Playa Ancón Jorge, nuestros hijos e Yram. Estaba recogiendo piedrecitas con Miguel y Carmen, que son capaces ya de distinguirlas, cuando de repente he caído. Ese día, mi primer día en Playa Ancón, el día que conocí al hombre con el que formaría una familia, fue el día que más piedras de Santa Lucía había visto en toda mi vida.

Fue entonces cuando el universo entero y la inmensidad de estrellas que había esa noche se confabularon para abrirme la puerta a un nuevo destino con el hombre que soñé en otra playa y que me ha traído hoy aquí. Que me ha regalado estas vacaciones perfectas con nuestros hijos, Miguel y Carmen, que, a su vez, me han obligado a tres semanas de silencio digital que han permitido que conecte con mi intuición y que de mis dedos haya salido, casi sin darme cuenta, el libro que tienes hoy en tus manos.

c a p í t u l o   s i e t e

TÚ Y TU LECHO DE MUERTE

"Después de todo la muerte es sólo un síntoma de que hubo vida"

Mario Benedetti

Jugar con la muerte es una herramienta que uso habitualmente en coaching. La mente humana funciona de forma compleja, somos capaces de imaginar cosas que no existen. Muchas veces sufrimos en el presente por cosas que nos hemos imaginado que sucederán en el futuro. Quizás lo que imaginamos no suceda, pero nosotros ya lo hemos sufrido y, a veces, nos recreamos en esto una y otra vez. Otras, también sufrimos en el presente por cosas que no son como nos gustarían, y por cosas que han sucedido en el pasado.

Nuestra mente en el presente va viajando de un lado a otro, y desde el nivel en el que hemos creado el problema este no puede resolverse, no podemos trabajarlo desde el presente. Tenemos que cambiar de nivel. Entre otras muchas herramientas, el lecho de muerte es un lugar que visito a menudo con mis clientes.

Tú mismo en tu lecho de muerte es probable que sea tu "yo" más sabio porque ya no tiene nada que perder ni nada que ganar. Te conoce más que nadie, ha pasado por todo lo que tú has pasado. Ha vivido en tu cuerpo, el que tienes ahora, en todos los cuerpos que has tenido, y en todos los que te quedan por tener. Sabe lo que tú quieres y cómo conseguirlo. Conoce todas tus posibilidades, lo especial que eres, y tus deseos más ocultos. No encontrarás a nadie más sabio para aconsejarte. Tiene todas las respuestas que a ti te hacen falta.

Hablar contigo mismo en tu lecho de muerte lleva tan solo unos segundos; una vez que tienes práctica, conectas con esa imagen, con ese ser, tu ser más esencial, justo antes de convertirse solo en amor. Con mis clientes solemos sentar a ese ser muchas veces con nosotros.

Pero hoy, el último día de mis 3 semanas de vacaciones de las que ha nacido este hermoso libro, soy yo la que voy a sentarme conmigo misma a redactar mi propia carta, para que nunca me olvide de cómo me siento hoy. Porque el futuro es fruto de cada una de las conversaciones que tenemos, con cada una generamos nuevas posibilidades de acción, y esta conversación conmigo misma forma parte ya de mi propio futuro.

Te invito a hacer lo mismo. Si tu yo futuro pudiera comunicarse contigo, ¿qué te diría?

MI CARTA

*Pero quiero que me digas, amor, que no todo fue
naufragar por haber creído que amar era el verbo
más bello... Dímelo...*

Luis Eduardo Aute (Me va la vida en ello)

*Me alegra poder comunicarme contigo en estos momentos en que ya no queda
más tiempo para mí en esta vida. Ya no hay más puestas de sol, más abrazos,
más perdones. Quizás solo unas horas, quizás días. No tengo miedo, estoy
tranquila y agradecida por todo lo que ha pasado, incluso por lo que está
pasando ahora. No sé qué me espera luego, pero tampoco importa. He vivido
una vida bien vivida. Si es cierto que esto no ha sido más que una de las
tantas vidas que vivimos, quizás tendré nuevas oportunidades de encontrarme con la gente que quiero, con Miguel, con Carmen, con Jorge, con mi
familia o con mis amigos. Nada me gustaría más.*

*Espero que creas todo lo que voy a decirte ahora, porque de ti depende lo
satisfecha que me siento hoy de lo vivido, de ti depende que hoy sienta que ya
hice todo lo que había venido a hacer, de ti depende la gente que me rodea
hoy aquí, en estos momentos. Los que están aquí conmigo y los que ya se han
ido pero están a su manera, porque forman parte de lo que soy.*

*Ha sido intenso, ha pasado rápido. Sé las cosas que te preocupan, recuerda
que yo también estuve allí, pero también sé que aprenderás a vivirlas de otra
forma. Deja de preocuparte por la incertidumbre de lo que va a pasar en el
futuro y disfruta cada día de lo que tienes. Porque al final siempre estarás
bien. Sabes que si las cosas no pasan como tú quieres, siempre es por algo.*

Porque te queda algo que aprender o porque lo que te va a regalar el universo va a ser aún mejor que lo que esperabas. Las semillas tardan en crecer, cada una a su tiempo, igual que los deseos y los sueños. Aprende a ser paciente. Ocúpate de regar tus semillas en el presente, disfruta haciéndolo. Disfruta de la incertidumbre del no saber qué pasará porque significa que aún te queda vida por delante. Agradece incluso que no pase nada porque todo lo que ha ocurrido hasta ahora en tu vida, y todo lo que acontecerá a partir de ahora, es exactamente lo que tiene que pasar. Que la impaciencia del futuro no te nuble el agradecimiento del presente.

Cada momento de tu vida es único, mágico, incluso el que yo estoy viviendo ahora; y de cada uno de ellos tienes muchas cosas que disfrutar y muchas cosas que aprender.

Vive en el amor; sé que ya has aprendido, lo recuerdo, pero aún puedes conseguir más, aún puedes apretar más la tuerca para vivir cada segundo con esa sensación de estar en el sitio adecuado en el momento adecuado.

Disfruta de tus hijos; crecerán y se irán. Les mirarás marchar orgullosa, satisfecha de ver en lo que se han convertido y luego entrarás en casa y seguirás con tu vida. Siempre tendrás cosas que escribir y cuadros que pintar, pero los echarás mucho de menos. Y querrás volver a respirar su infancia y la familia perfecta y única que tienes ahora.

Sé que a veces estás cansada y que echas de menos tu propia piel, libre, cuando te despiertas atrapada entre brazos, piernas y pies. Pero echarás de menos la tranquilidad de oírlos respirar a tu lado en medio de la noche, sabiendo que todo está en su sitio, que todo está en el lugar que debe estar. Disfruta de verlos crecer, cada uno en su maravillosa y única esencia. Abona su camino para que ellos siembren en él lo que desean. Y dales un beso de mi parte; al gran creativo e inventor de inmenso corazón, Miguel, y la dulce, tenaz, especial y mágica Carmen. Ellos han sido lo mejor que ha pasado en mi vida, y nunca, jamás, han dejado de sorprenderme. Probablemente eso es lo que más envidio de ti hoy, poder besar a los niños que fueron. También el poder besar a los padres que tuve y que tú aún tienes.

Disfrútalos. Disfruta de papá y mamá. Dile a papá de mi parte que siempre le agradezco mucho todo lo que me dejó, el valor de la honestidad para llevarlo por bandera, sus habilidades sociales, el amor por su trabajo, y sobre todo su sentido del humor. Y a mamá dile que gracias por regalarme su valentía, por enseñarme a levantarme todas las veces que caí y por luchar como una guerrera samurai con su espada para que nadie jamás pudiera entorpecer el camino para alcanzar mis sueños. Incluso aún cuando no los entendió.

En estos momentos, en cada uno de los momentos de tu vida, en todos los momentos que te quedan aún siempre tendrás lo suficiente y necesario para disfrutar de una vida serena y feliz. Has recorrido un largo camino, atravesado barreras de miedos, superado muchas situaciones, pero aún te quedan muchísimas más que superar, y cada vez serán más grandes.

Nunca más decidas ganarte la vida con cosas que no te llenen, ya lo hicimos una vez y no nos gusto, ¿recuerdas? Mejor que te quedes quieta, o que te vayas a pescar como hizo Yram, a seguir nadando contracorriente dejando tus fuerzas en el camino. Nunca dejes de ser amiga de Yram y Yenellys: ahora comen langosta y en el caso de que se acabe Yram sabe cómo pescarlas.

Nunca más dejes que el miedo nuble tu camino, que te paralice. Desde aquí, esos miedos que desde tu presente parecen invencibles se ven como fantasmas inventados, igual que el monstruo que vivía debajo de tu cama en la infancia. Aterrorizan en un momento concreto, pero cuando pasa el tiempo te das cuenta de que realmente no existen.

Sigue tu intuición y nunca creas que los sueños que tienes son demasiado grandes. Nunca lo son. No dejes que nadie te haga creer lo contrario y sigue persiguiéndolos. Acepta de una vez que tienes muchos intereses, muchísimos, y no uno solo, y procura vivirlos todos. El camino se irá desenmarañando solo y todo quedará en el lugar que tiene que estar. Tranquila, encontrarás el equilibrio.

Prepara tu futuro de forma que puedas envejecer junto a personas con las que te guste conversar. Amigos con los que también fluyan las energías, de los que nunca jamás dejes de aprender. Cuando seas mayor, cuando te acerques a la muerte te gustará tenerlos cerca. Por el resto ya has aprendido lo más importante, que los amigos son personas que van y vienen, pero que permanecen para siempre. Has aprendido a abrir la puerta cuando regresan, a dejar que vuelvan a irse, a que tu ego triste no te impida ser la persona que levanta el teléfono.

Asume ya quién eres. Acéptalo puesto que es lo que te ha llevado a la vida que tienes ahora. Acepta tu cuerpo y quiérelo porque nunca más serás tan joven como ahora. Acepta el hacer muchas tareas a la vez, el tener 10 libros empezados... porque es de la variedad de donde salen tus éxitos. Acepta tu dispersión a la hora de aprender 1001 disciplinas; el saber un poco de todo es lo que te hace única y lo que te permite vivir de esta forma tan apasionada, aunque de vez en cuando te metas en algún lío.

Acepta tu magia, no la escondas más, no sigas queriendo buscar la racionalidad en todos lados. Encontrarás miles de cosas que tu mente racional no podrá explicar jamás y, sin embargo, sabes que están ahí.

Acéptalo todo, ya, y sé tú misma, auténtica, con lo que eso conlleva.

No perdones tu tiempo a nada ni a nadie, y deja de rascar tiempo a las cosas importantes para trabajar. Hazlo al revés y dedícale tiempo a tu parte más creativa, a estar en casa, a disfrutar de tu té y tu silencio, a dejar que la brisa te acaricie las mejillas, a mojarte bajo la lluvia, sumergirte en el mar o enterrar tus pies en la arena. Nunca prostituyas tu tiempo a costa de la mujer de colores que vive dentro de ti.

La vida ha sido un hermoso viaje, el viaje más especial. Así lo he vivido, y algo más que la intuición me dice que así lo harás tú. Con los ojos bien abiertos y con todos los sentidos puestos en el amor.

Te espero aquí, al final de camino.

QUERIDO
lector

Muchísimas gracias por dedicar esa parte de tu precioso tiempo a leer mi libro.

Me encantará que me escribas para decirme qué te ha parecido. Podrás encontrarme en info@angelacovas.com. También agredeceré que dediques unos instantes a puntuar este libro en Amazon y a dejar un comentario.

¡Para mí tu opinión es tan importante! Cada *review* que recibo me emociona enormemente, tal y como le ocurre a todos los escritores que conozco. Escribimos para ti, lector desconocido, y tu opinión es una forma sentirte cerca.

BIBLIOGRAFÍA

Campbell, J. (1959). *El héroe de las mil caras; psicoanálisis del mito.* México: Pondo de Cultura Economica.

Gaona, J. M. (2014). *Al otro lado del túnel: El camino hacia la luz en el umbral de la muerte.* Madrid: La Esfera de los Libros.

Kubler-Ross, E. (n.d.). *La rueda de la vida.*

Ware, B. (2013). *De qué te arrepentirás antes de morir: Los cinco mandamientos para tener una vida plena.* México, D.F.: Grijalbo.

AGRADECIMIENTOS

Quiero agradecer a todas las personas que han revisado y colaborado este libro enriqueciéndolo y enriqueciéndome antes de su publicación.

A Silvia Díez, la mejor editora del mundo y un espejo en el que mirarme que me devuelve siempre nuevas realidades desde sus ojos. Gracias por robar tiempo de tu sueño y a tu pequeña Silvia para dedicarlo a convertir mis libros en mucho mejores. Y gracias a mis libros, que me permiten, con la excusa, compartir tiempo con una de las personas a las que más quiero en el mundo.

A Llars El Temple, a Magela Sosa su directora, y a Alejandro Zahinos coordinador de emancipación por regalarme su cristalina transparencia. También a Carolina Linuesa y a Juana Riera.

A Jorge, mi pareja, el padre de mis hijos, mi compañero y mi amigo, por leerme, ayudarme en la búsqueda de la fuente de agua perfecta, comentar, filosofar en las sobremesas y por compartir esa otra dimensión de la vida que me ha llevado a escribir este libro.

A Luis Vera Sánchez, por envolver con sus palabras mi susceptible alma de escritora amateur y darle oxígeno para seguir creciendo. Y sobre todo por adelantar conversaciones interminables que empezaron en el pasado y que si la Singularity University espabila no acabarán con los dos desdentados tomando el fresco en un portal discutiendo (oooooootra vez) de casualidades y causalidades, sino que continuarán con todos los dientes que tenían en el lugar que empezaron: tomando unas cañas en el Lamiak hace ya más de una década. Naturalmente con Marina.

Al gran sabio Jordi Llonch por su amistad y por aportar a este libro su "toque Jordi". El "toque Jordi" es siempre como la guinda del pastel, o el perejil de Arguiñano. Convierte en único todo lo que él hace. Y a su mujer, Olga del Val, a la que me une el respeto y la amistad que nos concede Jordi por contarnos cosas a la una de la otra. Gracias por leerte este libro.

A Maria Angels Perelló Puig, que haciendo honor a su nombre susurra bendiciones al nacimiento de este libro. Gràcies de tot cor, confit. Y a su madre, Magdalena Puig, un regalo de la vida como vecina. Podría agradecerle muchas cosas, como que también se haya leído este libro antes de publicarlo. Pero sobre todo, en este espacio, quiero agradecerle que me regalara a Javier Pérez.

A Javier quiero agradecerle su tiempo en leerse este libro, y todas sus palabras que me dejan con el corazón henchido y lleno de agradecimiento. Gracias por leer el libro dos veces, o tres, por enriquecerlo y por todas esas conversaciones que siempre me aportan la serenidad, tanta serenidad...

A esos grandes regalos que me da EFIC. A Maria Antonia Froilán. Ella es una "animeta" guapa (y lista) que un día pasó por mi vida, y después de mirarla dos veces también decidí quedármela. Gracias por tus aportaciones, y por aportarme siempre tu luz. A Carmen Enseñat, por su valentía, su honestidad y por entrelazar su camino con el mío, tanto en las letras de este libro como en nuestra vida. A Neus Mateu, por su luz, su brillo, su honestidad, su transparencia y por poner mis libros siempre en la librería más chula de Mallorca: Es Raconet. Y por supuesto a Juanjo Martín por prestarme su historia y por prestarme sus ojos para verme.

A Maria Jesús Lope, una sabia de la vida, aunque su opinión sea un secreto hasta que publique el libro. Encontrarás alguna frase tuya por ahí desperdigada de esas largas conversaciones telefónicas matutinas.